练达

如何成为社交高手

林特特

著

江苏凤凰文艺出版社
JIANGSU PHOENIX LITERATURE AND
ART PUBLISHING, LTD

目 录

序

你好，我是林特特，欢迎来到我的社交管理课。

我常常听到很多女性朋友的抱怨——

到了新单位，怎么迅速让同事中午吃饭的时候带上我？

怎么和男同事走得近，协作好，又不会招来非分之想？

男人喝酒吹牛的饭局，其实我不爱参加，可人家会不会觉得我不随和？

我一见生人就紧张，还是跟熟人在一起更自在，圈子总是打不开。

又是工作又是孩子又是家务，我的朋友越来越少。

为什么别的家长总是跟老师有得聊，除了学习，我想不出还能说啥？

这些困扰，都是你的社交问题，也许我这门社交管理课，能够帮到你。说句玩笑话，这门课并不是教你怎么成为交际花。女性担负着复杂而多样的社会角色，社交管理是自我管理的重要一步，尤其对女性而言，它是对你人生角色的管理和分配。

开讲之前，先来做个自我介绍。

我是林特特。这个名字被很多人知道是因为写作，我的代表作《以自己喜欢的方式过一生》，畅销超过百万册。这也离不开很多女性读者的支持。

但我并不是专职作家，而是一名职业女性，从事出版工作十几年，获过国家级奖项。

我还挺不安分，这两年离开体制自己创业，创办文化公司，也拿过千万投资。

我还是一个五岁男孩的母亲，陪伴他是现阶段我最重要的人生任务。

最近我还刚刚跑去中戏读了一个编剧课程。

你看，我和你一样，每天都要面对——工作、家庭、爱好、自我如何平衡？

我还有点小贪心，我什么都不想落下，什么都想做好，因此，我致力于强化自我管理。

我24小时掰成48小时，在每天都在和不同的人打交道，千方百计让每个角色都顾全的过程中，我的实践心得形成了方法论，过去几年，先后在中石化、百合网、读者集团、龙湖地产等大型企业做过自我管理培训。同时，在全国三十多个城市，线上、线下做过上百场讲座。

在交流中，在来信、来电的咨询中，我发现女性占比更高。而在众多自我管理方向中，社交是最受关注的，也是最适合成为个人生活突破口的。

女人在成长的不同阶段，要应对的主要矛盾不同，社交的重点也不一样。

年轻的时候，我们要做加法，多看世界，多见不同的人。有了家庭和孩子以后，一方面要做减法，一方面要提高效率。

但无论哪个阶段，都要不断丰富自己的人生体验，这种丰富，加和减都应是有意识的、自觉的、主动的。

我这门课的目的：

首先：帮助你更轻松地面对人际交往，既解放自己，又让爱的人接收到我们爱的讯息。在保持自我的前提下，成为一个有温度的人，享受爱，也付出爱。

其次：想要提高效率，就要学会分层维护人际关系。人际关系也要画重点。

有的人因为性格，因为和你的亲密关系度，你需要每天对他嘘寒问暖。有的人只需隔三岔五问候一下。还有的人经年不见，关键时刻向你求助，你及时反应即可。更多的人你见着了寒暄下，在朋友圈时不时点个赞，就算完成了社交礼仪。

如何分层，如何恰到好处的回应、维护，这种分寸感的培养是我这门课要完成的任务。

再次：教你掌握社交主动权。

一个成熟、独立的人，哪怕在职场、家庭的被动、被安排的交往中，也会有意识地尽可能掌握主动权，最终获得对人生的控制权。

最后：扬长避短，游刃有余。

虽然女性大多面子薄、胆子小、圈子窄、害怕说"不"、害怕被说"不"。但女性普遍也有同理心好、沟通能力强、耐心亲和的优势。只要我们愿意，我们完全有能力发展新关系，维护旧关系。

基于以上四层目的，关于女性的社交管理，我会分成七课跟你分享。

第一课，社交管理总论：了解社交管理的框架并学会基础运用。我会带你认识三个重要数字，它们构成你社交管理的基本认知框架，是掌握社交管理的基本方法。

第二课，人际圈管理：明确你想要交往的人群，并且有技巧地建立关系。我会教你从梳理社交圈开始，将固定来往的社交对象，分类、分层，按类别、层级付诸行动。如何行动，我把自己多年实践的五个心法分享给你。

第三课，社交形象管理：明确并塑造你的社交形象。

公之于众的一切都是营销，公之于众的总和是你的社交形象。

明确你的社交主形象，让它服务于你的人生目标。

同时，网络时代要将网络作为你的社交管理的重镇，从网名、头像、公共空间更新管理起。

第四课，陌生人的社交管理：如何跟陌生人交往。

没有陌生人，就不能达成更新社交圈，帮自己不断上升的目的。这一课我们来探讨如何和陌生人交往。我会从三个方面讨论：和陌生人聊什么？怎么跟陌生人聊天最有效率？以及如何甄别陌生人的信用？

第五课，饭局管理：如何利用饭局达成自己的目标。

这一课中，我们具体研究一个人怎样为无效的饭局做减法，压缩应酬式社交对正常生活的影响？如何在被动饭局中取得主动权？什么时候又该有意识地去主动组织饭局，达到自己的社交目的？

第六课，礼物管理：怎么运用礼物让你的社交更顺遂。

如果说前面五课是基础课，从第六课开始我们就要晋级了。女性特有的细心和同理心，选对礼物，送对时机，得体的礼物就是你的社交利器。

第七课，建立专家顾问团，日常生活更有秩序。

我们善于采集和收集的基因，可是数万年进化中巩固下来的。发挥这个优势，你的生活就更有秩序。和衣食住行有关的事儿，如何通过借鉴、体验、收藏，形成固定个人供应商，生活自然方便、快捷，高性价比。

同时，让专业人士成为你的朋友，维持关系，你人生的重大问题就有可咨询、求助的对象。这一课中，我也将送给你一个彩蛋，社交生活中最重磅的礼物。

好了，让我们开始一段新的旅程吧——通过学习，让你的生活清明有序，拥有良好的人际关系，通过智慧，通过管理，不迁就、不将就，有自我，有好朋友，也有好口碑。

第一课，我先带你认识人际交往的三个重要数字。

Chapter 1
第 一 课

社交管理总论：
了解社交管理的框架并学会基础运用

一、社交管理的目的：成为一个有温度的人

关于社交管理，我们先要弄清楚，目的是什么？答案很简单：成为一个有温度的人。

我们每个人，都不一样，有活泼、外向的，有羞涩、内向的。但我们中的大多数，在人际关系中都对自己有个起码的定位，即，我留给别人的印象要尽可能的好，不希望这印象是冷冰冰的、冷血无情的、不通人情世故的。

成为一个有温度的人，享受爱也付出爱。但你有没有注意到，我们常常会在付出爱的过程中，被爱绑架，你周围的人似乎都能对你提要求，为了满足他们的要求你会变得很累？

所以，更轻松地爱，既解放自己，又让爱的人接收到我们爱的讯息，成为社交管理最需要解决的问题。

同时，人际关系本身是分层的，维护方式也要分层。

有的人因为性格，因为和你的亲密关系度，你需要每天对他

嘘寒问暖。有的人，只需隔三岔五问候一下。还有的人，经年不见，关键时刻向你求助，你及时反应即可。更多的人，你见着了，寒暄下，在朋友圈，时不时点个赞，就算完成了社交礼仪。

如何分层，如何恰到好处的回应、维护，这种分寸感的培养是社交管理要完成的任务。

二、社交管理的标准：或者高兴，或者推进

那么，社交管理的标准又是什么？即你面前站着一个人，他拦住你要和你谈谈，这可能会占用你一个小时；或者，你接到一通电话，是邀请你去参加一场活动的，这会占用你一个晚上。你用什么样的标准来衡量，你和面前的人谈还是不谈，你手上的这通电话，你是答应去参加这场活动，还是不去？

我们要谨记一个原则，不让无效社交耽误人生。

什么是无效社交？对你没有帮助的，不能让你正在进行的事儿得到进展的；也不能给你的心情带来愉悦，只是浪费你时间的，就是无效社交。

随着年龄增加，人生角色增多，对女人来说，时间尤为珍贵。我们像一尾鱼，鱼头、鱼身子、鱼尾巴都拿去做菜，平均分配给

各人生角色，摆成全鱼宴，招待各人生角色相对的人。

想保留自我，让自己还能思考、活动，有些兴趣爱好，提高生活质量，必须狠心，不能浪费一点时间。

两个标准：或者高兴，或者推进。

简而言之，你面前的这个人，或是你要参加的这场活动，虽然没有什么实质性、短时间能见到的效用，但也没耽误事儿，重要的是你开怀大笑了。在交谈中、聚会中，一句、两句话提点了你，让你得到滋养，刺激你今后的某一天因这一两句话形成一个创意性的行为，或郁闷时想起，因此得到抚慰。总之，你度过了一个愉快的时段，这是有效社交。

或者，你虽然不愿意去做，不愿意和面前这个人交谈，他可能是一个难打交道的客户，可能是一个不好应付的领导，可能是孩子的老师来告状的，你去参加的这场活动，你不一定能说上话，还可能遇见几位想避开的人，但能让你手上处理的事儿往前进一步，你没有特别高兴，甚至于对心情有一点点影响，但只要不是太为难，你仍然要去，因为推进了这也是有效社交。

或者高兴，或者推进，是我们衡量一个人值不值得交往，一件事值不值得去做的标准。二者符合其一就行。

反之，我们面前的人，我们要参加的活动，你既不开心又没有实际效用，只是碍于面子、人情世故，或就是怕一个人待着寂寞，以及其他的原因不能拒绝，那我们只能说，你是一个"包子"，很怂，并且正在被无效社交偷走有意义的人生。

三、社交管理的具体方法：逐类制定方案

接下来，我们来讨论社交管理的具体方法。

我们刚才定下了社交管理的总目标：做一个有温度的人。更轻松地去爱，更有智慧地分层维护人际关系。我们也定了标准：或者高兴，或者推进。尽可能屏蔽无效社交。现在，我们要学会针对不同目标，逐类制定方案。

1. 确立目标：圈出哪些人是你的社交对象

1.1 你的人生角色有哪些

先画一个圈，圈出哪些人是你的社交对象——你要管理的目标？

在此之前，问自己一个问题，"我是谁？"也就是说，你的

人生角色有哪些？拿一张白纸，写下来，用直觉，为自己画个像——我是女儿，我是母亲，我是配偶，我是儿媳妇……我是朋友，我是闺蜜，我是表妹，我是表姐，我是小姑子，我是大嫂……这是私人情感的你，家庭身份的你。

我是上司，我是下属，我是前台，我是一名精算师，我是一位医生，我是自由职业者……这是社会身份的你，职业的你。

我是文艺女青年，我是公民，我是健身爱好者，我是资深驴友，我是话剧迷，我是丝巾收藏家，我关注一切热点……这是属于自我的你。

1.2 分析每个人生角色相对应的社交管理对象

把这些列完，我们分析每个人生角色相对应的社交管理对象。比如，你是女儿，这个身份的你相应的社交管理对象，就是你的父母。

范围扩大点，除了父母，还有父母的兄弟姐妹、同事、朋友，他们在乎的人，以及为他们而交往的人，医生、社保单位的工作人员、保险经纪人等等。

你是儿媳妇，你要管理的对象是公公婆婆，但你汇报及要负责的第一对象是你的丈夫。外延扩大，你公公婆婆的亲朋好友，他们最希望在谁面前，保持好的形象及维护面子？

又比如，你是母亲，你要管理的社交对象当然是你的孩子，圈子画大点，他的老师，他最好的小伙伴，他小伙伴的父母等等。

每一个身份的你，都有对应要管理的对象，以这个对象为核，再逐步扩大成一个社交圈。

作为社会身份的你，职业的你同理。你要管理的社交对象，包括和你产生关系的所有客户，你的领导、同事、竞争对手。你依靠谁、拥护谁、反对谁，能向谁求助，要得到谁的批准，都在你画的这个圈子里。

作为自我的你，你的伙伴、你在某个问题上的老师、你可以交流的人，谁的话你隔一段时间就想听听，他是你的人生评委……这些是你最私密的圈子，最该好好处理的社交管理对象。

画好圈，确定管理对象，才能制定方案。以上圈子里的人一定会有些重合。

或许，你现在感觉有些乱：我要管理的人是不是太多了？事情远比我想象的要复杂。

记住三个数字，为所画的圈设限。

其一，"150"。

我们能够稳定维持人际关系的人数是 150，多了，你也应付不过来。

这个数字是牛津大学人类学家罗宾·邓巴提出来的，也被称为"邓巴数"。邓巴指出，人的大脑认知能力有限，我们负担不了那么频繁的社交活动，能稳定维持关系的人，大约在 150 左右，所谓稳定维持联系，以一年起码能一对一联系一次为标准。

"150"这个数字，同时意味着，每一个人身后，都大约有 150 个稳定联系的人，推而广之，你维护好你固定圈子里的 150 个人，就会有 150×150＝22500 人隐隐约约知道你，对你有印象，这就是你的口碑、名声、人际关系网。

风靡全球的畅销书《人类简史》证明了这一点。早在远古，部落的形成就在 150 人左右，这个数字的人口之间，通过八卦，通过口口相传就可以维持联系，互相知情。而"只要超过这个数字，大多数人就无法真正深入了解、八卦所有成员的生活情形。"

人类的记忆，过了几十万年仍保留在我们身上，不要去挑战它。能留下来一定有它的合理性，是人类自动筛选的结果。所以，哪怕你手机里有 5000 人，你相交满天下，但你真正能维系，也只需维系 150 人左右。

掏出你的手机，现在就开始排查；在你的朋友圈，设置重点组，哪些是你需要展现个人风采及针对性发布报告的 150 人。

其二，"5"。

美国的商业哲学家、成功学的创始人吉姆·罗恩曾说过一句著名的话："你是与你相处时间最多的 5 个人的平均值。"后人将它称为"五人定律"。

你的性格、爱好、价值观、审美会和你最亲密的 5 个人越来越像。在 150 个人的圈子里，你圈出最重要、你最欣赏、最希望成为、趋同的 5 个人，重点和他们发展关系。

同时分领域，家庭的我，最想来往的 5 个亲友是谁？社会身份的我，最想结交的 5 个业内同行是谁？私密的我，最想学习、最有话说的 5 个人是谁？

从无数到 150 到 5，3 个或 4 个 5，你要管理的对象就精简再精简。

其三，"6"。

有一种理论，叫六度分隔空间理论。大意是这世界看着很大，但你在世界的某个角落遇到一个完全陌生的人，最多通过 6 个人，你就能找到和眼前这位陌生人之间的交集。

这理论不是空穴来风，而是来自于著名社会心理学家斯坦利·米尔格拉姆1967年做的一个实验。

他住在波士顿，发出300封信，其中200封随机发给内布拉斯加的居民，100封发给波士顿的居民，他声明，所有这些信，都是要寄给住在波士顿的一位股票经纪人的。他在信中称，如果你认识这位股票经纪人，就直接把信寄去。如果不认识，就把信寄给一个你认为最有可能找到股票经纪人的人。最后结果是，最多只用转手6次，股票经纪人就收到了信。

六度分隔空间理论表达了一种重要的概念，每两个完全没交集、素不相识的人之间，通过一定的联系方式，也总能有联系、有交集。

实验是发生在美国大城市，完全陌生的人之间的。而我们中国，讲究熟人社会，实际上，人和人的距离比6要更少，可能拐两个弯，最多三四个弯，你就能打听到对方，对方也能打听到你。

这个数字证明，虽然，你把圈子控制在150人左右，但圈子里的每个人都是你辐射向整个行业、整个社会、整个世界的线，通过他们，任何人都可能得到你的信息，影响与你产生的各种联系。

所以，我们要维护好的社交形象，关系网在你看不见的地方。

150、5、6，牢记这三个数字，将亲疏分别，为圈子划限。同时，注意和每个人交往的口碑，注意看不见的那些线。

2. 分而治之，制定方案

确定了社交管理的对象，现在，我们分而治之，制定方案。

2.1 不同社交对象，有不同的社交目标

不同的社交对象，有不同的社交目标。你今天认识一个客户，你要想好，我需要和他发生感情吗？还是要维护一种稳定的合作关系？

发生感情的话，我可能要做的动作是什么？我是要讨好他，还是要让他一定喜欢上我？为此，我应该展现我哪方面的优点？

维护稳定合作关系的话，是履行一定的礼貌、礼节、礼尚往来，还是考虑到对方是一个人脉，要刻意加深来往？

不管是突然出现在我面前的陌生人，还是早就画在我社交圈子里的人，我们的心里都要有一个判断，我和他之间将要发展哪一种关系？要控制在什么分寸之内。有了目标，才能针对目标的

实现，制定方案。

一些人，我们的社交是为了得到爱的回应。而另一些人，只是为了某种目的，比如为了把一件事做成，而且社交，是不需要得到爱的回应的，我们就不用额外付出爱，只需将社交本身打扮一番，有礼有节即可。

当然，社交目标是可以改变的。举个例子，你的孩子上幼儿园，三年学习期间，你和幼儿园的园长保持了良好的关系。一开始，这只是温情脉脉的合作，是家长与老师的关系。但现在，你的孩子毕业了，你发现你不知不觉和幼儿园园长，在互相了解、频繁沟通的过程中成了闺蜜。这时，其实你的社交目标已经改变，从礼貌、礼节、合作式交往变成了朋友间的交往，因为目标改变，你们相处的规定动作也会改变，你们彼此之间对对方的要求也会发生改变。

2.2 研究不同社交对象的禁忌、爱好

想好社交目标，我们还要研究不同社交对象的禁忌、爱好，你投其所好的时候，要知道他的好是什么，不好又是什么。哪些话一定不能提，哪些事儿对方一和你谈起就没完，无形中拉近了距离。

一度大火的电视别《嘿，孩子》中有个情节——

蒋雯丽饰演的方家长女方韵是个失独妈妈，她回娘家，走在胡同口，被不开眼的居委会大妈看见了，问："方韵啊，你的孩子已经去世五年了，你什么时候考虑二胎？"这就是一个明显的、典型的社交禁忌。

同理，在一个沉默寡言、内向的人面前，评价另一个类似风格的熟人是"闷葫芦"，表示能言善辩才是优秀、成功者的特征，也是社交禁忌。

当你确定了社交对象，也知道你要实现的无论是维护关系，还是发展感情的目标，作为一个有思考能力的成年人，都要在开口前、交往时脑子里过一遍。你可以事先调查下对方的境况，或者通过观察凭本能判断对方的禁忌。

如果我们已经加了一个人的微信，可以先看一下他的朋友圈，其实你一划拉，就大概知道他的身份背景，喜欢什么，实在不行可以问你们之间交集的那个人。

当你把一个人当一个社交目标，相信你一定有办法，就怕你对他没有策略，没有计划。

2.3 衡量你能付出的时间、精力、金钱

研究完禁忌、投其所好的好。你要衡量你能付出的时间、精力、金钱，设计你们在一起的规定动作。

我们在一开始，讨论了为什么要社交管理，因为人际关系是分层的，维护的方式也是分层的。我不能对谁都掏出一颗火热的心，如果那样，很快热情就会消失殆尽，也不是每个人都需要把你当知己。衡量每一个社交目标，你可以付出的时间、精力、金钱，设计动作。

如果你是一个保险经纪人，你维护一个客户，可能就是在客户过生日时送上一个蛋糕，但你可以和别人做的不一样。别人维护客户，是快递过去生日蛋糕，而你亲自送上门，无论客户地址是不是翻新，你都亲自登门。其实你一年只出现一次，但到点就会出现，形成习惯，把对方培养得有期待，这就是用心了，是有效的社交。

以此类推，我们针对不同的人，一年要联系几次，用什么方式联系，以什么形象出现，伴手礼是什么等等，都可以设计，凭本能，或一年之初做好计划。

规划什么？

规划你自己的社交形象。比如出现在老人为主角的家族聚会中，就不能戴白色头饰，显得丧气，犯忌。出现在争取领导认为

你职业、专业的场合，就不能穿超短裙、露脚趾的凉鞋，显得不正式，不够严肃。

规划你的言论。你就是你自己的媒体，哪怕只是发朋友圈。

规划你动作的时间间隔。想清楚一个人你多长时间问候一次合适，还是根本不打扰就是最好的维护？

也要规划你付出的金钱成本。

等等，等等。

好，这一课，你学到的是三个数字——

第一，150。把你常联系的人，控制在150人左右。

第二，5。把你最亲密的、频繁联系的人，控制在5个人，拓展到不同领域，每个领域也不要超过5个。

第三，6。其他触及不到的人，用六度空间理论拓展。

同时，在这一课中，你还学到了一个判断有效社交的标准——或者高兴，或者推进。

这里，我给你留一个小练习，在你的工作或者家庭中，哪5个人对你最重要，建议拿一张纸写下来。

下一课，我会先跟你探讨人际圈的管理。

看不见的熟人

韩梅梅今年 22 岁,大学刚毕业。此前,她在三家公司实习过,面试过不下 10 个单位,现在入职第二个月,做文员。新人,代名词就是打杂的。

一切都是崭新的,所有人都是陌生人。但很快,韩梅梅就在 A 公司内部网找到一个熟人,方式很简单。她群发邮件时,发现一位同事的名字后有一连串字母和她的一样,是她所读大学的英文缩写。想了想,她给对方发了一封私人邮件,"请问,您也是 B 大的吗?"邮件秒回,"对啊!你也是?"邮件再秒回,"是的!我叫韩梅梅,刚来,在市场部工作,请问您是师兄,还是师姐呢?"疑问没有持续多久,那位叫李雷的师兄就迅速出现在她面前,向她伸出友谊的手,"哈,师妹!"

紧接着是聚会,一共六个人,约在第二天下班后,全是 B 大毕业的校友。觥筹交错,韩梅梅最小、资历最浅,大家都喊她:"韩妹妹",韩梅梅笑呵呵地应着,瞬间拉近了距离。

席间,他们不约而同提到一个人,刘佳,是此刻韩梅梅岗位的前任，因故被公司解雇。

韩梅梅大惊，她起码听到"B大C系刘佳"这个有定语的名字三次了。一次在上一家公司实习时，一次在第七个面试单位接受主考官盘问时，还有一次，即现在。

"刘佳不适合做和沟通有关的任何工作。"

"我没见她笑过。"

"她在的时候，我们也搞过B大校园聚会，她一次也没参加过，看来是看不上我们。"

"刘佳当部门所有人面，和经理吵过架，虽然经理有他的问题，但我要是经理，也不能允许下属这么冒犯我。"

"刘佳有天开着开着会忽然就哭了，事后，有人问她为什么，她说才和男朋友分手……"

"平心而论，刘佳不是坏人。"

"是啊，平心而论，刘佳业务能力也不差。"

大家你一言我一语，评价一个韩梅梅从没见过的人，让韩梅梅逐渐拼凑起刘佳的形象——

聪明面孔笨肚肠。

脾气暴躁。

情绪时常失控。

做事欠思考。

……

和韩梅梅前两次听到"B大刘佳"时形成的印象一致。

在实习单位，韩梅梅的实习老师曾对韩梅梅提起刘佳，结论是"你们B大的女生都很聪明，但你之前的刘佳，哎，怎么说呢？总是一开口就得罪人。"

他举的例子是，刘佳负责对接一位前来进行内部培训的讲师，无论是网上联系时，还是电话中，还是面对面接送，均直呼对方的姓名，引起对方不快。

当实习老师私下里提醒、警告刘佳，却激起刘佳的抗争心，"知道了！"她大声争辩着，"我又不是故意的！"实习老师再想说些什么，已被刘佳一句"我不用你教"顶了回去。"既然她不用我教，那就请便吧。"实习老师一摊手，据说，他给刘佳的实习鉴定是"差"，实习期没完，就让刘佳走人了。

类似的话，在第七个面试单位，应对主考官时主考官也说过。

那一刻，主考官正在给韩梅梅出试题，试题是——"你有男朋友吗？工作三年内能保证不结婚吗？结婚三年内能保证不生育，不影响工作吗？"

诚然，这样的题目是对女性权益、女性就业者的尊严的侵犯，但韩梅梅不能不回答，她的答案是："我还没有男朋友，您所说的我不能保证，但我会尽最大努力平衡个人生活和事业之间的冲突。"

主考官也和实习老师一样叹了口气，她指出，在韩梅梅面试前，她才淘汰了一位女生，非应届。"也是你们 B 大的，C 专业，叫刘佳""当面就跟我拍桌子""和我谈女权""其实这道题，就看你和人怎么沟通，如何得体应对刁钻的问题"。

韩梅梅不自禁地把以上场景描述给新同事、老校友听。众人点评，"世界真小"，以及"有刘佳的地方，就有她的传说。"

"据说，每两个不认识的人之间，通过六个人就能找到，这叫六度分隔空间理论噢！"李雷师兄笑着说，"所以，只要在社会上，只要有人的环境，我们都要注意自己的形象，口口相传就是口碑，所谓人人身边都有，人人也都有可能是看不见的熟人。"

大家哈哈一笑也就罢了，随后就散了。

只是，不久后韩梅梅忽然想起李雷的话。一个朋友要去相亲，去之前对韩梅梅说对方和韩梅梅还是校友呢，以前也在韩梅梅所在的公司工作。

"叫什么名字？"韩梅梅好奇。

"刘佳。"

报出名字的刹那，韩梅梅一惊，既为世界小，又为想确认。她一再对朋友说："你可千万要搞清楚是不是 B 大 C 系的那个刘佳啊，如果是，你可千万别招惹她。""为什么？"韩梅梅把之前听到的，综合起来告诉朋友，心里却响起了李雷的话。

是的，你的一言一行聚沙成塔，你逃离了环境，抛弃了旧日，可你过往遇见的那些人还会记得，还会奇妙地和你，和你的未来发生联系。

韩梅梅忍不住思考，我在人们心目中是什么形象呢？我的形象会影响到我可能碰到的各种机会吗？

👍 案例 2

退一步，海阔天空

平时上班，韩梅梅总听见张莎莎的各种聊天软件叮叮咚咚响。一次，张莎莎对韩梅梅解释，信息大多来自她的大学班级群。她的同学们虽然毕业已有两年，但时不时有人发布些消息，报告下个人最新动态，接着就会有人跟着聊起来。

按张莎莎的描述，她所在的班级打上学起就竞争激烈。毕业后，虽然专业一样，职业却各有不同。这些年，因为有群，同学们保持着联系，隔三岔五还线下约一下、聚一下，组织各种活动。

"这不是好事吗？"韩梅梅问。之所以发出这样的疑问，显然韩梅梅已发现张莎莎因此不胜其扰。

张莎莎表示，她有时觉得，自己就是在同学们的刺激下生活和工作不断上新台阶的。刚毕业时，在群里留学的同学一面贴加州阳光下她灿烂的笑，一面抱怨洋人的东西不好吃。工作的同学晒工资、晒福利，一面骂老板，说这点钱够干什么的啊，一面又经常故作姿态，惊呼："单位是不是不过了，年底除了年终奖还发了三千块钱购物券？"

久而久之，微信群就是张莎莎的同学们晒幸福的舞台。尤其是同学们年龄相差无几，近乎同时经历就业、跳槽、结婚、生子等人生阶段，晒的东西便紧跟时代潮流，也紧跟生活变化。

比如说，一度同学 K 晒出自己的另一半——他的女朋友。K 在大学一直没谈恋爱，相关经验仅限于追求过几个同班女生，还都未遂。他的原话是："毕业时间也不短了，工作稳定后，不得不考虑个人问题，这不，我妈要我新年一定要带女朋友回家，我只好带着她露面了……"接下来，是五六张 K 搂着女朋友甜蜜无比的照片，K 在群里还煽动其他同学："找到生命中另一半的都贴出来吧！"不知是他的煽动真管用，还是甜蜜中的人都想表达，一时间，微信群上呈花好月圆之势，双双对对，恩恩爱爱，仿佛某婚介所的成果展览。

恋爱中的幸福想广为人知可以理解，可之后没多久，张莎莎再被群消息狂轰乱炸，发现随着同学们恋爱进程的推进，另一半晒完，又开始晒婚纱照了。

张莎莎在电脑前，一张一张点过去，看得眼花缭乱。

眼花的是同学们上妆后的脸都惊人的相似，不看图注，张莎莎竟然认不出谁是谁；缭乱的是看了近百张婚纱照后，她突然意识到原来婚纱、造型和主题有这么多种，价钱有这么贵。同学们贴照片的同时，或相互打听，或自动坦白，都承认了所拍婚纱照的不菲价码，最后隔壁班的同学都听说了这场婚纱秀，也在各自的群中、网络空间里贴各自的婚纱照。于是，张莎莎班的微信群像是各大影楼的 PK 赛，又更像欲盖弥彰的攀比战。

之后，张莎莎还在班级微信群中，看到了宝宝照、跳槽照、升职照、升学照、旅游照等主题。升职的同学大多坐在宽大的办公桌后，手指点在笔记本的键盘上，脸却对着镜头；升学的同学必定要站在某某大学的校门口或标志性建筑物前摄影留念。张莎莎有些羡慕同学们的好生活、好心态，又有些糊涂，同学们贴照片，说喜讯的时候究竟是分享幸福的因素多呢，还是炫耀的成分多呢？

线下聚会更是班级群中各种花式炫耀的现实版、升级版。

当面秀恩爱的、刻意炫富的，一次，张莎莎不得不把单位的福利往五倍左右吹，才算胜出。但第二天，她向韩梅梅说起时，又一副痛心疾首的样子："我明明不喜欢造假，不喜欢炫耀，可在那种环境下，就不由自主地变成了另一个人……我真讨厌那样的自己。"

"如果讨厌那样的自己，就离开让你变成那样自己的人、人们。"同事方乐乐扮人生导师，出现在韩梅梅和张莎莎的身边，他偷听了她们的谈话。

"怎么说？"张莎莎和韩梅梅异口同声地问。

"我们是和我们来往最亲密的五个人的平均值，所以一定要慎选亲密来往的人，他们的素质会影响到我们的素质。也许这些同学并不算你特别亲密的人，但你和他们固定每天会说话，固定隔一段时间会聚会，他们带来的信息会影响到你的心情，也会带来你对自己的不满，感觉生活有更大的压力，造成紧张、压迫感，那又何必勉强维持呢？据说，人每隔七年全身细胞都换遍了，我们等于变成一个新人。我们和人的来往也是啊，没必要一味恋着旧日，如果旧日没有对现实好的意义，旧日的人对你也没有正面的影响。"方乐乐看起来还真像一个人生导师。

张莎莎看他的眼神都充满了崇拜。

没多久，张莎莎又在班级群中，看到K出现。

K买了辆新车，在此之前，他曾就装修的细节，在群中，详细地征求过同学们的意见，并作为成果汇报，他把装修完毕的房子分远景、近景、特写，分别拍照传在群相册中，引发了一时间的热门主题——装修照。这回，K对新车是这样介绍的："毕业好几年了，房子大概大家都有了，也该买辆车了，最近我就买了一辆，×××牌子的，功能不错，价钱也不贵，可以考虑考虑。"正如当年K贴女朋友一样，此次，K也从不同角度展现了他的爱车，甚至有他握着方向盘，脑袋从车窗里伸出来的特写。K还说了和过去差不多的话："有车的同学也都来贴贴自己的座驾吧！"

K的留言是新的，还没有人评论。张莎莎对着电脑，她看着K握着方向盘从车窗里伸出的脑袋，实在无法和几年前大学里看到女生就不知是兴奋还是惶恐得脸发红，却起码有点纯真的他联系到一起。

张莎莎继而翻着群里这些日子的留言，看到江山一片红的留言和恭维，前所未有地觉得可笑和无聊。

她从网上扒了一张别人的山地车的照片，贴到了群里，贴在 K 从车窗里伸出的脑袋的下方，她的图注是"贴贴我的车"。

这是张莎莎第一次在班级群贴图，恐怕也是最后一次，因为贴完、写完，她就退出了群。

👍 特特说

掌握主动，就是你来控制开始和结束

韩梅梅主动开始和李雷及校友们联络，张莎莎主动结束和花式炫耀的同学们的交往，从社交角度来看，都是需要点个赞的。

为什么？因为她们都掌握了社交的主动权，开始和结束的时间点、控制权、开关都在她们手里。

我们说，在驾驭人和人的亲密关系中，一个人最强的能力是什么？是有吸引别人的能力，也有留住别人的能力，还有离开别人的能力。

吸引就是开始。你想打开局面，你想和谁有交集，你可以做主，你靠自身的魅力及技巧能使之发生。

留住就是经营。你会释放和接收信号，你会维持关系，你的情商高，能照顾到别人心里的拐拐角角，你善良、美好，即便你有各种各样的小毛病，对方仍想和你在一起，激烈也好，平淡也好，就是舒服。

离开就是结束。一段关系让你觉得麻烦、打扰多过共享，想好了就体面利落地分手，对方想好了要和你分手，哪怕内心翻江倒海，你也能保持尊严和微笑地送他或她走。

这三种能力，放在爱情中适用，放在其他社交关系中也适用。

我们来重点看看韩梅梅的主动。

韩梅梅刚刚进入一个新的环境，通过邮件上英文字母的信息，马上识别出李雷的校友身份，并主动发出交往信号，又迅速捕捉、接收到李雷继续交往的信号，做出及时回应。比如，参加了之后李雷组的公司校友聚会。对"韩妹妹"的称呼，大方接受，未加排斥。种种举动，无论是对于职场新人、社会新人还是年轻女性的身份，韩梅梅都是可圈可点的。

职场新人、社会新人、年轻女性，这些身份的大多数烦恼都来自于身份所属的特殊阶段。这时，没有人太注意你，没有人来照顾一粒小尘埃的心情、成长，因此，你会迷茫、苦闷、孤独、郁郁寡欢。

小到我中午和谁去吃饭？大到我工作上遇到麻烦了，怎么办？

人是群居动物，人需要圈子，人要驱逐孤独，也要解决问题，都得从社交入手。

一个人能天生招人喜欢，拥有众星捧月、你就是月的能力当然好。但更多的时候，把你空投到一个新环境，需要你机警、主动，才能争取到更舒适的发展。

如何主动？首先要甄别、判断，一群陌生人中，哪个、哪几个，是最易破冰的对象，你拿什么破冰？即你最易破冰的交集是什么？

对于社会经验不多的韩梅梅来说，校友、师兄、师姐，无疑是最佳的突破口，这一阶段，她可以打九十分。剩下十分要看之后她会和这个校友圈发生什么样的联系。过松等于无，过紧等于屏蔽、杜绝了她在公司和其他人的交往。

说完主动，我们再来重点看韩梅梅的职场社交第一课，口碑的重要性。

韩梅梅有位看不见的熟人刘佳。每个和刘佳有过具体接触、合作的人都对刘佳不弱的智商加以承认，但也都对她的低情商、低控制力、不善沟通印象深刻。这些人有意无意间，将刘佳情商不太好的形象四散传播，连听说的人比如韩梅梅，到最后都成为传播者之一。

我们可以想象，日后，刘佳只要还在这个城市，还在这个行业，还和类似年龄段的人交往，这种叠加效应形成的口碑只会对她越来越不利。而她可能还会觉得莫名其妙，不知错在哪里，被哪只看不见的手推搡着，伤害着。

是的，你也许在自己的生活中，已经发现了圈子真的很小，尤其以毕业院校、行业、专业划分，绕来绕去，世界仿佛就是那么几个人组成的。

有些人，你即便不认识也在多个场合听说过他，你们之间有多个熟人，不同人的只言片语叠加、拼凑起来，就是他的形象、他的口碑。这证明了我们前面说的六度分隔空间理论。

以人推己，步步小心。你今天的一言一行，你今天做的事、做的活儿，明天也无法涂抹掉痕迹。即便你跳槽换个环境，也绕不出熟人，或熟人的熟人，或熟人的熟人的熟人圈。

别忘了，我们说的 150 人定律，每一个人背后都有 150 个人，你在一家中等规模的公司工作过，其实就有 150×150=22500 人对你可能会形成印象。而你能流动的场所，又能有多少人呢？

千言万语汇成一句话：控制你的言行。让你交出的每一件活儿都过硬；注意你面前的每个人，他背后都是一张巨大的关系网，日积月累，影响你未来的生存。

她们说

她们的社交困境

生活中，我是个很少主动找人说话的人，生活圈子很小，尤其是与男性说话都紧张，很少用心机规划自己的人和事，于是便成了那个只会做事不会邀功请赏的老实人，过着不是自己理想中的生活。现在，我有了主动跟人打交道的欲望，为了成为更好的自己，要主动扩大生活圈，拓宽自己生活圈宽度。

——努力学习

没有毕业参加工作之前，我觉得只要自己有能力就好，不需要去处理好和周围同事及上司的关系，因为在我看来那就是阿谀奉承，不如自己实干立足来得好。

可是，工作半年多，我才发现，光是做事情也是不行的。当然，作为新人，会做事是好的，但与同事上司搞好关系也是一种能力，而这种能力不是我早前认为的"阿谀奉承"，而是所谓的"高情商"的一种体现。这种能力会让你在做事之余不会累，也会让你看清和辨别公司里的同事、上司们。对于刚刚离职的我，有了第一份工作的前车之鉴，第二份工作我并不想盲目跟风，一定要想好在怎样的环境氛围工作。

——爱折腾的疯丫头

我是老师，也是两个宝宝的妈妈，每天学校和家两点一线，没想过再去拓展自己的朋友圈，经常会有一种恐惧感油然而生，很害怕若干年后，自己心里的依赖只有两个娃和一个他，所以从此刻开始，学着做一个玲珑女子，不需八面，两面即可，就是里面和外面。祝我自己能够活成自己想要的样子。

——静心

以前从来不懂拒绝别人，但是每次做的事情既不推进，也不高兴，仅仅因为不好意思拒绝别人就勉强自己去做，导致自己过得很累。

——陈木木

什么叫作缺心眼，大概就是我这样的人。傻傻分不清边界，人生角色混乱，导致在不同场合说着不合时宜的话。得好好学习，反省自己！

——大树

Chapter 2
第 二 课

人际圈管理：
明确你想要交往的人群，
有技巧地建立关系

上一课，我们系统探讨了如何进行社交管理，这一课，我们来看社交管理的第一步：人际圈管理。

人际圈管理，从肃清人际圈开始，即哪些人我们需要管理，哪些人需要重点管理，哪些人是要抛弃，可以完全不管不问的。

一、建议：和什么样的人交朋友

关于交友，两个建议。

1. 始终和你的同类在一起

作为成年人，一个人出现在你面前，五分钟之内你大体就能判断出，他是什么样的人，他的形象，从平面到立体。

经过三十到六十分钟的交谈，你基本就能认定，他有没有可能和你深交？还是一期一会，此刻快乐就行？或者只是一个人脉，别得罪是底线；更或者，这一面见完后你就会永远屏蔽他。这来自于作为成年人对自己的了解，对自己越了解，就越清楚你对他人的需要。

来看，你对自己的了解够不够清晰、深刻。告诉我，人生角色众多，你最重视的是哪个？你的人生目标是什么？你想成为的人是什么样？

1.1 和你最珍视的自我一致的人

始终要和你的同类在一起，即和你最珍视的特质一致的人在一起。

我们每个人都有成为更好自己的诉求，你身上最珍惜，你认为最优秀的特质，以及你孜孜以求想成为的人该有的特质，就是你的"类"，选择重要朋友取舍的标准。

你想成为一个美女，你就要和有志于成为美女的人在一起，因为你们要分享怎样美；你不断严格要求自己，能和她们比美，经常互通有无；最时尚的信息，最时髦的单品，最火的show，最新的美容仪器……

你是文艺女青年，你最大的特质是文艺，你就要和除了审美、除了创作，其他话题都不感兴趣的人在一起。

你想成为一个优秀的职业女性，你最大的特质是敬业、好学，那么，你就要和敬业、好学，打算终生奋斗的人在一起。他们有的是你的同行，有的是拥有类似品质的朋友，有的是领导，是师傅，有的比你低，是你的实习生，你的徒弟，但明天可能做你的下属，成为你团队的一员，帮你的大忙。

......

拎出你最重视的那部分自我、特质，然后花时间去找相似的人，找到了，就要努力接近、成为朋友，尽可能深地培养友谊。因为，这涉及你的人生目标。

你自我的那部分，需要不断得到鼓励、温暖、支持、帮助。做具体事时，可以依赖谁，求助谁，接受谁的指导，以谁为假想敌，和谁做袍泽，和谁做对手，只有和同类在一起，才能坚定信念，轻松、方便、自然，听到的也都是有建设性的意见。

甚至于你依赖、求助、做对手和袍泽的那个谁就是你找到的这个朋友。

我的心得是，如果一个人某方面比我强，这种强又是我珍视并想拥有的，我会很想接近他／她。能对话、能交流、能学习，他／她肯带你，当然最好。如果不，在其身边待着，默默受影响也好——不是追星，我视其为输入方式。

1.2 此时此刻，与你面对同样问题、处于同样阶段的人

此外，此时此刻，与你面对同样问题，处于同样阶段的人，也是同类。

我至今觉得我人生的几个阶段，尤其是比较特殊的阶段，都是和同样境遇的人在一起才熬过去的。

并不是说那个阶段有多惨，而是我们都是第一次做人，重大的事件会引起我们生理、心理的变化，不沟通、不交流、不排解、不互相借鉴，全靠自己很难。

比如说大考时。高考、考研，以及后来各种职业、专业的考试。

拉群、打卡、交换笔记、考试前押题，课后讨论，寻找各方面相关的信息等等。没有同等境遇下的同类，同学、考友，自己去应付，漫长、孤独而艰难。

这时，你就需要找到同类，一起出发，一起奔跑，降低种种难度。

又比如生病时。要有几个同病相怜的朋友，彼此宽慰，彼此消解，介绍资源，互换有无。

作为病人家属也一样，当你的父母或者其他亲友有一种严重

的疾病,你最好和有相似情况的为人子女者多多吐槽、倾诉、咨询。

怀孕时也是啊。你有没有发现,一个环境中两个同时怀孕的人,以前没有交集,纯粹因为忽然在差不多的时间要当爸爸了,要当妈妈了,会成为好朋友。

这其实就是本能,需要分享,需要分析,一起为孩子每一次心跳的正常或不正常,焦虑;一起为从种子到成人形,最后感觉到他们在动,为之欣喜。

事实上在每一个人生角色、每一类人生事务要处理的时候,我们都最好找到同类。人是需要战友、袍泽的,没有特殊、统一的情境,给出的温暖和鼓励都不着边际。

没有相似的经历,你吐槽就只是吐槽,对方听不懂。而我们每一次的倾诉和倾听都最好是有效的,有建设性的,这些就需要找到同类。

许多人说,婚姻中很孤独。当然,孤独的原因有很多种,可是很大一部分是倾诉找错了对象,你不是遇人不淑,而是你的问题遇人不对。

你和不同单位,但同时担任中层的朋友压力一样,遇到的事儿去除时间、地点、人物的关键要素基本一致,你们俩的共同语言,彼此扶持，可能大于夫妻之间。当发生问题、受到委屈时，你与其向丈夫求助，不如向这样一个朋友求助。

你产后回到单位，忽然有个升职机会，但家庭正是需要你的时候，你从家人那里能得到的，你要说服他们给你的就是支持。而怎么说服，如何选择，不如找有类似经历、经验的同类讨论、求教，而这些同类不能靠碰，要靠主动搜集。

1.3 有共同经历、记忆的人

第三类同类是与我们有共同经历、记忆的人。

同学、前同事、旧邻居、世交等等。和故人联系，就是温习过去的自己，常看来路，不会为眼前的一时烦恼所困。

同时，人和人之间最难培养的是信任。故人，肯联系的故人，都是有一定信任基础的。常互通有无，告诉彼此自己的成长，在干什么，新鲜的项目，最新能提供的资源，你不知道可能会产生什么样的化学反应。

2.固定的事和固定的朋友去做

作家三毛曾在一本随笔中写过，朋友还是必须分类的——例如图书，一架一架混不得。如果你忙乱时，找错了人，非常尴尬，而且解决不了问题。

为什么固定的事和固定的朋友去做？因为节省时间，也节省力气。

其实经过一段时间的磨合和摸索，你应该非常清楚身边的朋友，谁和你有共同的兴趣，能聊到一起。设想一下，如果你和一个不爱冒险刺激的人去游乐园，你拉着他去玩过山车，你大喊大叫，下来直呼过瘾，而他两腿发软，吐了；你还想玩更激烈的，他是陪呢，还是不陪呢？多扫兴，多伤感情。

一个人天天跟你谈文学，只谈文学，你突然告诉他，我们家水管漏了，你能帮我来修一下吗？第一对方不一定有办法；第二会觉得这种俗事怎么来找我？你们可能互相都不满意。

分享一个有意思的真实案例，我的一位前同事新婚，嫁给了一个工科博士。

前同事的丈夫当年追求她很费心思，这个书呆子男朋友甚至于之前没有去电影院看电影的约会经历。为了能陪自己追求的女孩去看一场电影，在正式邀请之前，他单独去走了一遍流程，因为他不知道手机上买票以后如何拿兑换码去兑换，然后去哪个厅等等。出于科学的严谨和初恋的紧张，他正式演习完才敢约会。

我们觉得这是趣谈，是两人交往的非常时期。但是如果这是一个正常的、长期的社交，肯定不能长期和这样的人去看电影，因为很受罪。他当作任务，你当作消遣。

所以，你兴趣广泛，你应该有固定看电影、看展览的搭子，逛街的搭子，出国购物的好拍档，品尝全城美食的好朋友。

你邀请一个南方人一起去听德云社的相声，除非你的目的是带他去开一次眼界，否则他可能不会像一个北方人那样笑得特别开心。

你和一个工作狂谈家务事，你找错对象了，很快，你就会把你们之间那点珍贵的情谊消耗殆尽。不是你不好，不是人家只有那一面，而是你们共同的话题不应该是这样。

每个人都有他的黄金时间，每个人也都有他黄金的谈话方向。

真正有意思、有意义的交往一定是平等的、撞击式的交流，那么通过摸索和磨合，你确定了不同的人可以和你干什么不同的事儿，类似的事儿应该找哪些人就既省力气，又省时间，不同的朋友就是你性格的不同面，你人生角色不同的面，每一面都有不同的人来欣赏、共享。人生 ABCD 面，每一面都可以待一会儿，让你的每个角色都有兄弟姐妹、喘息，何乐而不为？

二、拒绝：和什么样的人不交朋友

我们不能被无效社交偷走时间和精力，一些人一定要屏蔽。

1. 负能量爆棚的人

负能量爆棚的人又分三类。

1.1 有性格缺陷的人

如果一个人在精神上不断凌虐你，肉体上不断伤害你，亲人也好，爱人也好，离开他；不能离开，就尽可能减少接触的机会，这样的人会成为你负面情绪的源头。

如果一个人让你感到痛苦，无论生理上还是心理上的虐待，都要尽快离开他，必要时要采取法律手段。一些人的存在，对身边人来说是折磨。

1.2 抱怨型的人

可怜之人必有可恨之处。有一种人他不是故意想伤害你，他只是受负面情绪的影响，无法摆脱就变成了一个不停抱怨的人。

记住一个准则，如果一个人连续三次跟你抱怨同样的问题，你也给他答案了，他仍然不去解决，第四次你就该远离他，因为他永远不会改变。他唯一的快感不在于解决问题，而在于他跟你抱怨这个事情本身，这只是在浪费你的时间和情感。

而且，你去观察一下抱怨的人，他不止一个抱怨对象，一般来说，都是向你抱怨完，再拿起电话对另外一个人抱怨，内容、语气、结论，如果对质，你会发现几乎一模一样。

尤其闺蜜之间，尤其我们上大学住女生宿舍时，一个大姐或一个小妹对你说，你千万不要告诉别人的事，其实你周围的那些人全知道。

抱怨而不解决，离他远一点，除非他真的改变了，或真的生命受到威胁，再去想办法，力所能及地帮助他。

1.3 麻烦型的人

最近大热的一条社会新闻，述说的就是一个不能解决自身麻烦的女士给闺蜜带来杀身之祸。这个女士就是我们所说的麻烦型的人。

你是一个成年人，你能对自己的行为负全责，那么，如果你希望你的社交对你有滋养的话，你寻找的朋友、爱人也必须是个能对自己行为负全责的人。

不给自己找麻烦，也不给周围的人找麻烦是一种社交美德，是一个人精神、物质独立的标志，这样的人才是我们值得交往的对象。不断找人麻烦，并能赢得好感，甚至白马王子青睐的人，请回到傻白甜小说里，不要再叨扰人间了。

负能量爆棚的人，远离他；浪费你时间的人，则你要花心思来控制他。

2. 浪费你时间的人

一个人的时间安排藏着他对人生的安排，浪费你时间的人，其实就是阻碍你实现你的人生目标。

浪费你时间的人分两类。一类，是有意浪费，你要控制他们占用你时间的比率。

2.1 有意浪费你时间的人

我们设想一个场景——

星期天，你正享受着难得的清闲，打算看会儿书，听点音乐。你拿出新买碟正在拆包装，手机铃声响，你接了，电话那头，哭声传来，你头皮发麻。

一个朋友与你是同行，刚入行，她又遇到问题了，最初级的那种，报个基础培训班就能解决问题的那种，但她总来麻烦你，你做好耳朵发烫的准备。

一个小时过去了。直到你听到手机里的嘟嘟声，还有别的电话，才终于摆脱这喋喋不休的朋友。

新电话是领导打来的，他给你布置新任务，但与工作无关："我晚上出席一个婚礼，帮我起草一个证婚人的致辞。"你完全可以说不在家，但想想，觉得不好意思，你点头称"没问题"，转身打开电脑。

等你终于拼凑完致辞，你突然想起，昨天答应一个同事代买某个品牌的化妆品，你家门口就有间打折店。

你冲出门，同事眼里你只要来回花半小时的时间，但你在店里挑选，磨赠品，你买的时候有，现在没了，同事会怎么想？你和营业员说来说去，磨来磨去，你抱着一纸袋化妆品出门时，松了一口气，但你的一天已快过去。

你的新碟还没拆开呢。问题是你不开心。

你接到朋友电话也好，写证婚词也罢，或者帮同事磨那些赠品，对你的心理愉悦毫无建设，你以为偶一为之，但对方会一而再，再而三，你这次帮了，只会预约他们下一次的请求。

如果你的人生目标是做一个饱学之士，今天，你被耽误的一万字阅读，就是你和你的目标本来能缩短的一步。如果你的人生目标是事业有成，你在网上浏览业内新闻也比做那些事儿强。

远离浪费你时间的人，学会说"不"，就能和自己的人生目标近些，再近些。衡量哪些能说"不"，有个简单的办法——

想一下，一件事是不是非你不行，大部分事儿十分之九都能随便找人代替，自私点，我们只做那十分之一。其实，你只把那十分之一做好，并训练周围的人只在那十分之一事上找你，你拒绝九次，答应一次，反而给人意外之喜。

2.2 无意浪费你时间的人：和你没有相同的欲望的人

另一类，无意浪费你时间的人，你要及时发现，及时止损。

什么是无意浪费时间？就是在一件事情上，一个人、一群人，和你没有共同的欲望、合拍的节奏、相应对等的能力，又和你是合作者。他、他们会拖延你的进度，影响最终目标的实现。

这种人，我们更多的是在工作中会遇到。在做方案的时候，在沟通的时候，如果你能早发现对方态度有敷衍，或没有与你对事情抱有相同的热情、期待，也不够专业，配合度低，和他、他们打交道，事事都没有回音，每次都不了了之，早结束，并趁早将之屏蔽出合作、工作的社交圈，因为它造成了你的无效社交，总做无用功。

三、人际圈管理

我们刚才讨论了，和什么样的人交朋友，不和什么样的人交朋友，以上都是如何整理人际圈。所谓"同类"是我们重点来往的对象，要和他们密切联系。负能量爆棚的人，浪费你时间、影响到你人生目标的人是要重点清理的对象。

现在，我们来讨论，清理完的人际圈该如何管理。

1. 将社交对象分类

首先，将你的社交对象分类。分成什么类？亲人、爱人、友人、熟人、和一个具体目标相关的人及陌生人。各类中再分层级，陌生人先不用分，我们之后会单独拿出来一课探讨。

一些人你避无可避，比如滥赌的亲戚，比如隔壁格子间，那个拦路虎般存在，成事不足、败事有余的同事，请分到这一类别的最末层。

你把圈子控制在150人左右，把最亲近的人控制在5个人左右，刨除陌生人，把其他几类，每一类重点来往的人，也控制在5个人左右，你的人际圈就很清晰了。

2. 为每个社交对象制定一个方案

分完类，我们为每个社交对象制定方案。

1.1 给每个人一个时间额度

首先默默想一遍，你整理完的，分了类也分了层的，手机通讯录里的这些人，你打算付出多少？用时间做标准，每一个社交对象，你心里给他们每个人一个时间额度。

有的人，是朝夕相处型。你们互通消息，及时沟通，密集交换意见已经成为本能。

有的人，是定期见面型。三个月、半年、一年或更久约一次，是约定俗成的习惯，也是仪式感的一部分，比如大学同学十年聚一次，而同寝室的姐妹们一年聚一次。比如你的祖母，你每周要问候一次，逢年过节，绝不能让她感觉你的关怀缺席。

有的人，是特殊纪念日问候型。教师节要发祝福短信的，过年要拜年的，生日要记得发红包的，老人节要问候的等等。你现在就标注在日历上，你只管忙，只管奔你的人生目标，你去娱乐，到处去浪，但是翻一翻，你花少量时间做的标注、计划，就会发现，你四处疯浪，关键时刻问候了关键的人，你在他们心里仍然是重情义、无过失的好朋友、好亲戚、好孩子。

再有，突发情况一定要出现型。这也是我们自我管理的目的之一，你只有平时做好自我管理，提高可控事件的效率，才有许多机动时间，应付各种突发情况。

一个人长年不和你来往，但曾对你有恩。现在，他打电话告诉你，我来你居住的这个城市了。你无论如何都要去见他，因为对于长期不见面的人，每一次见面，都可能是最后一次见面，他对你的印象就截止到上次见面为止。这一次，你对他什么样，会在很长一段时间成为你在他心中的形象，对他来说这个日子很重要，所以你一定要去和他好好聊一下，只要没有特别重大的安排。

另一个人给你打电话，也是和你常年不见。他结婚了、生孩子了，或者忽然病了、打官司了，他在人生非常重要的阶段，特地来通知你，只要交情够，一定要去，要帮忙，因为这对他来说很重要。除非你判断对方的目的不单纯，会给你带来巨大的麻烦，而你们的交情又不够承担这种麻烦的，除此之外，要对得起这份看重、厚爱。

更多的人，是朋友圈点赞型。即一些泛泛之交，一些弱联系的朋友、熟人，你只需花很少时间，提醒对方你的存在，你的温度，就达到了社交目标。比如一个星期过去了，你可以专门抽几分钟时间，集中在微信朋友圈，给这些弱联系的人点个赞。

为什么要有时间额度？有额度的预算，才能由你控制交往，掌握社交的主动权。你要保证你是有情感、有温度的，但又不能被情感绑架，由你控制，让你重视的人知道，你惦记他，不失礼，你又没有负担，这是我们社交管理乃至整个自我管理的目的。

当然，额度是可以调整的。有的人的时间额度就是零。

一个平时衣冠楚楚、人情练达的人，每次喝完酒，或者和服务员大打出手，或者一意孤行要酒驾，还力邀你坐副驾……你对他的时间额度马上可以调为零，非公事之外，非清醒时段，不来往。

一个人，只是你的熟人，每天要见面的同事，或是一个楼道的邻居，平时你给出的时间额度，只是打个招呼。但突然，她家出了事，有重大的事故。这时，无论是出于礼貌，还是出于维护社交形象的需要，你都要关注她，给出恰当的问候、礼节。

1.2 设计与时间额度相关的动作

分类，给出时间额度，继而要为你们共处的时间，思考相关动作。

别怕，没那么难，其实许多动作是不知不觉形成的习惯，好的我们保留，差的剔除；想浪漫，想进一步达到交往的目标，可以借鉴，可以精心设计。

港剧《溏心风暴 3》中有这样一个桥段。每年大年初一，男主角正爸，都要携妻、子去"恩公"家拜年，感谢恩公当年为他出庭作证，洗脱杀人凶手罪名的旧情。大年初一，特殊的日子；用完整的一天，携妻、子去敬茶，就是正爸对于恩公维持关系，表达感恩，这一社交目标，打出的时间额度预算，及设计的规定动作。

一年一次，既不叨扰，一年之首，又足以表示最高敬意。这是完美的社交。

新加坡一位女作家谈到她和丈夫的相处，每天都见面，每天都在一起如何别致？

她会在丈夫每天下班进门的时候，递上一杯茶。茶叶是丈夫最喜欢的，温度不高不低，是丈夫觉得最合适的。泡茶的时间在丈夫进门前十五分钟，为此，她会在十五分钟前就进入等待丈夫回家的状态中，丈夫是否准点进门，也会提前和她打招呼。

接过茶，两人要聊会儿天，大概半个小时，是一天当中最惬意的相处时光。好的相处就是自然、放松，相处双方、多方都感到舒适。

对于我们朝夕相处型的社交对象，其实每天有类似别致、属于你俩的高质量规定动作就不会腻，不会觉得孤单。

怎样设计动作？注意三点。

其一，明确投其所好的"好"。

你是个女儿，你现在要维护你和你父母之间的关系。

你妈爱拍照，她爱的是被拍；你爸也爱拍照，他是想主动拍，是按快门的那个。

你隔一段时间给你爸更新一下镜头，为他报个老年大学的摄影班，把他加进一些摄影群，甚至帮他在手机上多关注几个摄影类的微信公号，这就是投其所好。

你投了他的好，也等于投了你妈的好，当你预算一年陪他们旅游一次，选择了拍摄外景的好地儿，其实你在角落歇着，他们在一旁拍拍拍不停，心里也美着呢，觉得你孝顺、会办事呢。

你的好朋友，爱打游戏，你和他聊什么？送他最新款的游戏机，或谈谈游戏装备，这就是他的"好"。为什么说，男人兄弟、哥们式的女同事、女同学最可怕，因为他们互相之间最有共同语言，最知道那个"好"是什么。

其二，明确对方的黄金时间。

什么叫黄金时间？我们每个人都该清楚自己一天当中最好的时段是什么时候？脑子最清醒，身体没有什么不适，心情比较愉悦，适合交谈、做事。

那你知道别人的吗？你的每个社交对象，你具体做一件事必须来往的人。你半夜打电话和你孩子的老师讨论孩子学习问题，这是不是她的黄金时间？

你下午两点找你的领导谈加薪，你知道他有起床气，两点他刚午休完。平时，你就观察到，在这个时段，他常面色阴沉，瞧谁谁都不顺眼。平时你去谈加薪都未必能成功，现在去一定等于碰壁。

用你的经验，用你对对方人生阶段的体察，用你的四处打听，去判断对方的黄金时间。

或者高兴，或者推进。我们要么相处愉快，要么要办成事儿，而这两者都要避开非黄金时间。

其三，明确对方的黄金谈话方向。

一个经典案例，记者去采访一位房地产大亨，大亨以不好沟通，不给人面子闻名。那天的采访，大亨事前说明，只有十五分钟时间，但最后记者采访了两个小时。

为什么？因为记者在采访前做了调查，父子情是大亨一触即发的点，触碰了这个点，大亨一共哭了三次，该说的都说了，和记者弄得难分难舍。

每个人都有他的痴迷点，打开话匣子的方式。它和投其所好的好有交集，又不完全一致。一些事儿我们不精通，但一旦被触动，就停不下来想表达的欲望，在表达过程中，会自然而然拉近与交谈对象的距离。这就是黄金谈话方向。

找到一个人的黄金谈话方向前，你先要搞清楚对方的禁忌是什么？

你和一个没有生孩子的人，可以谈孩子的童言童语，有趣的事儿。但你要和他具体讨论生孩子有多么疼，孩子的屎尿屁、吃喝拉撒，对方是没有感觉的，适龄又未生育的人甚至会觉得你故意在让她难堪。

如果你已婚，和大龄单身男女青年莫谈婚配，除非你有好的对象可以介绍。和工薪阶层莫谈你随便开一瓶红酒就上万，除非你真的想请，他也有喝的意思。

怎样找到对方的黄金谈话方向，并获知对方的禁忌？对于重点交往对象，你应该做资料搜集，通过网络，通过中间人，通过察言观色，留心留意，甚至把对方的微信朋友圈先翻一遍。此外，你可以看对方的年龄，用口音判断籍贯，询问经历，以及用公共话题试探。

和老人谈养生，一定是好话题。想深入，就谈他这个年龄必经的几大重大历史节点，他在干什么？

不止是和陌生人攀谈，你试试和家里的亲人，逢年过节没话说时，随便提一个过去的年份，比如，"1973年，你们在哪里，那年发生过什么？"

你会发现，这将变成一个极为温馨的时段，是故事会，有意想不到的情感交流。

再有，一个人最明显的特征，他总是强调什么，就可能是他最想谈的事儿，黄金谈话方向。

一个工作狂的黄金谈话方向，就是他的工作。你如果和他谈恋爱，想吸引他的注意，那就先从工作谈起。因为你的社交目标首先是有话说，拉近距离。

一个有过《战狼2》中类似经历的人，一定喜欢谈非洲。一个强调自己做过援疆干部的人，黄金谈话方向就是新疆。诸如此类，请靠领会。

好了，这一课最后，我们给出人际圈管理的三个绝招——

1. 该淡出你生活的人就应该淡出，做好减法，没有必要成天活跃在小学同学群、中学同学群、前同事群里。

2. 除了朝夕相处的家人和同事，其他的人际关系，其实可以用定期见面和特殊纪念日问候来维护。这类关系，建议你标注在日历上，最好还设置个手机提醒。

3. 想要高质量的谈话，就要研究社交对象的黄金谈话方向，也就是让他打开话匣子的方式，你也得有万能的黄金问题。

好，今天的练习就是，你万能的黄金问题是什么？

下一课，我们来谈谈你社交形象的管理。

案例1

给"热心"定个限度

韩梅梅同部门的李琪琪，比韩梅梅早来半年。

一日，韩梅梅在茶水间遇见李琪琪，发现她正愁眉苦脸，出于关心，韩梅梅问李琪琪，发生了什么事？李琪琪约韩梅梅吃午饭，把苦恼一股脑儿都倒给她听。

原来，和韩梅梅一样，李琪琪也想快速融入一个全新的集体。以她过去的经验，她认为最重要、最快捷的融入方式便是热情、热心、乐于助人。

于是，同事张莎莎嘀咕一句洗面奶用完了，李琪琪就热心地问是什么牌子，"啊，那牌子的专卖店，我家楼下就有，等着我下班给你带。"

同事王玲玲夸了一句李琪琪烫的头发好看，琪琪便拉住王玲玲的手说："真的吗？你觉得好，我带你去。"这天下班以后李琪琪又主动把时间献给了王玲玲———她陪着王玲玲把头发做完。

李琪琪的乐于助人在公司传为佳话，正如她所想，同事们谈到她，都交口称赞，夸她懂事，说她是个热心肠。

说到这，韩梅梅点点头，"是啊，你是公认的好人、热心人，这我都知道啊，可琪琪，你为这烦恼什么呢？"

李琪琪长叹一声。实际情况是"好人"之名在外，李琪琪不胜其扰。

平日里，无论是网上团购各种水或霜的私事，还是买文具、送材料或是去上级主管部门跑个腿之类的公事，或者业余时间同事们集体放松去 K 歌聚餐，找地方、订位这样的琐碎事，李琪琪总是率先跳出来说："我去吧，我方便。"久而久之，一有事大家就不约而同把目光投向她，仿佛这些都是她分内之事。

李琪琪有点累，虽然每次同事们都不忘表示对她的谢意。

作为新人，工作要比其他同事更努力，更有效率，而工作之外的事儿又让她分走了许多精力。

这不，最近职称考试报名开始了。韩梅梅和李琪琪所在的行业，每年职称考试的通过率不到25%，为了好好备战，一起备考的几个同事报了辅导班，这件事从一开始就是李琪琪一个人张罗。

比如报名，从网上下载报名表，用网上银行交报名费，考试前去报名点确认，拿缴费发票，直至定时定点拿准考证，其他同事都是全权委托琪琪，他们只提供自己的相关证件。

上辅导班，李琪琪的笔记是记得最全的，只因不是张莎莎有事不能去，就是王玲玲突然肚子疼提前走了，事后他们会问李琪琪："把你的笔记借我用一下行吗？"后来有人干脆伸着懒腰，对办公室那头的李琪琪提议："你把笔记复印了，给我们每人一份吧，谢谢啦！"琪琪顿了顿，做好人做习惯了，实在不好意思拒绝。

办公室的复印机从开机到正式运行有好几分钟时间，张莎莎叮嘱李琪琪，记得要两面印，不要浪费纸，"还有别让经理看见了，要不他说咱们上班时间干私事。"

"我就站在复印机前呆呆的，研究了半天如何两面复印，还是不得要领，急得满头是汗。这时走廊上传来皮鞋哒哒哒的声音——是经理吗？我一边竖起耳朵，一边赶紧收拾笔记和印废了的纸，等皮鞋声消失，我才松了口气。事后我问自己，我这是何苦呢？"李琪琪问韩梅梅，也是第一次这样对自己发问。

"那后来呢？"韩梅梅给李琪琪添上茶水，关切地问。

后来，职称考试终于完了，第一个查成绩，帮同事查成绩的还是李琪琪。

紧接着是领证，自然还是李琪琪全权代表。

问题出在发票上。公司规定拿到证书的员工，才能报销报名费和辅导班的费用，而这些费用的发票上回李琪琪帮忙拿回来后，就被同事们一致说"就放在你那里吧，回头一起报销"，现在证书她领回来了，发票也在她这儿，看来报销的事还得她操持。

然而，李琪琪在家找了一晚，别人的发票都在，就是没找到方乐乐的发票。她实在想不出会放在什么地方，也想不通怎么单单少了这一张。

上班时，李琪琪旁敲侧击问了方乐乐是不是当初把发票拿回去了，惹得方乐乐极为不高兴，末了，人人都报销了，只有方乐乐没有。大家安慰方乐乐之余，却对李琪琪说："下回办事注意点，别再丢三落四了。"气得李琪琪下班时最后一个走，把钱如数放在了方乐乐的抽屉。今天上午，韩梅梅遇见她时，她仍没有平复心情。

"我好好和自己谈了一次话，这好人还要不要继续做？"李琪琪看着韩梅梅，虽是问句，其实已经下了决心。

韩梅梅帮她下了更大的决心："琪琪，我觉得好人还是可以做，但要量力而行，力气的力、精力的力、心力的力。"

韩梅梅也回顾了自己类似的从前——

大学时代，她为处理寝室纠纷，劝分手的情侣和好不知做了多少次好人；自己不考研，却为想考本校研究生的朋友，不知花多少时间印考题、打听招生政策；结果耽误了很多自己的事儿……

"经历了一些事后，我发现，我要从那些本不需要我出席的事件里抽身，把时间和精力用于更有意义的事上。我们是需要朋友，是需要舒适的人际关系，但不能让这些喧宾夺主，往大了说，耽误我的自我完成和成长；也没有必要成为所有人的密友。给热心定额度，其实就是给每个人从我手上能拿走的时间、精力设限。"韩梅梅说。

👍 案例2

拒绝情感黑洞

正式工作后，第一次回老家，韩梅梅遇见了亲戚张。

说起来这位亲戚张，五十出头时就对还是小姑娘的韩梅梅，谈论命运的不公，机会的不等。现在他六十多，仍常提起大院里的谁谁，亲人中的某某，"当年，要不是我，他们也有今天？"

家族聚会，只要有张，最后都会成为他喝醉酒、摆谱、教训人、耍酒疯的舞台，他喋喋不休、一再回顾的，是他春风得意的二十世纪九十年代，那时，他停薪留职、下海经商，有过短暂的辉煌，但他挥金如土，并没有留下什么财富。等再回到单位好好上班，昔日的徒弟都成了他的领导，这么多年，他的心理都没有调适过来。

一度，韩梅梅以为亲戚张真的生不逢时，怀才不遇。

这次回家过节，韩梅梅带了一箱名噪一时的褚橙，听见亲戚张抱怨时，就从手机里找到东山再起的褚时健的新闻鼓励他，"叔，你要真想做点事儿，什么时候都不晚！"

可亲戚张不理韩梅梅的茬，扒拉开韩梅梅的手机，继续他的回顾，说到激动处，还摔碎了杯子，那一瞬间，韩梅梅有些迟疑，或许，对于一些人来说，他的愤懑是习惯，快乐就在倾诉中展现。

回到公司，韩梅梅无意间将这件事泄露给她的偶像曾丽丽听。

当是时，正值晚高峰，韩梅梅蹭曾丽丽的车回家，曾丽丽在堵车的间隙向韩梅梅回顾往事。

原来，曾丽丽的父亲和韩梅梅的亲戚张是一类人。

"都属于性格有些缺陷的人吧。"曾丽丽叹口气，她移开握方向盘的手，拨一拨头发，说起年少时没少被父亲折腾。

一、曾丽丽所有校服以外的装扮，都被父亲斥为"狐狸精""小妖精"。

二、曾丽丽交往的所有男友，都被父亲认为是"小流氓""大骗子"。

三、曾丽丽所有的职业规划、学习计划，想离开小城，人生既有的成长路线的打算，都被父亲指责为"不安分"。

究其根本，父亲在自己的人生中是个失败者，他把一生的抑郁喷射向身边人身上。

"我上次回家，我爸还说我打扮得像不正经的女人呢！"曾丽丽笑起来。

韩梅梅大吃一惊，在她眼中，这位隔壁部门的领导以精明干练，八面玲珑，诸事都能平衡著称，却被自己的亲生父亲如此评价，"丽丽姐，你真不容易！""没什么，都过去了。"曾丽丽表示。

她解释，一些人的存在是"消极"的代言词，亲近他，就会被他感染。成长让她懂得必须切断负面情绪源，否则自己就会变成负能量爆棚的人。所以，即便是亲人，性格缺陷到损害自己的身心健康，也要远离。

曾丽丽又说起她的一位女友。

女友曾常年受家暴。从她第一次被家暴，就给曾丽丽打电话，一打就是两个小时，哭，描述挨打的细节。而曾丽丽总在电话那头不停地说，你现在离开家，去报警，去找他的父母、领导，去微博、论坛公开这些信息。可女友没有。

女友最常做的是，向曾丽丽哭完，放下电话，再拿起，再去找一个熟人哭诉。把同样的话说一遍，眼睛再哭肿一些，再放下电话，再拿起，再去找第三个人。直至所有人都睡觉，直至漫漫长夜终于过去。

家暴本身仿佛也过去了，直至下一次来临，她又如是说，如是做，"我们又如是听一遍。"曾丽丽摇摇头，"有时，为了安慰她，我也会说我婚姻中的不如意。当我发现，我在脑海中搜罗自己的不如意、对配偶的不满时，我似乎真的就开始不如意，不满了。于是，我渐渐和这位女友保持了距离。"

直至一日，女友终于觉醒。

她半夜醒来，发觉脖子上一片冰凉，仔细一看，丈夫正拿着刀对着她，让她交代和某某男士莫须有的暧昧关系。事后，她拼了全力离婚，当她终于办妥离婚手续后出现在曾丽丽面前。

"哎呀，后来呢？"韩梅梅担心地问。"后来，女友变成一个比以前好很多倍的人。我一直告诉她，无论你做任何决定，我都支持你，你报警，我陪你，你挨打，我去救你，但是她都没有回应。于是，事后我问她，我在很久以前就告诉过你，要离开，要离婚，为什么不在第一次家暴时就如此呢？多年来，你都没有远离你的负面情绪源——家暴你的丈夫。你把自己熬成个负面情绪源，这也是你的朋友越来越少的原因。"曾丽丽交代了女友的后来的情况。

连着几个急转弯，曾丽丽没空说话。韩梅梅陷入了沉思，不管是亲戚张，还是曾丽丽的父亲，以及她的女友，今天都给她上了一课——

消耗别人的人，尤其是不改变自己，纯粹带给你负能量的人，是情绪、情感的黑洞，只会吸纳你的能量，浪费你的时间，离开他们，或者起码悄悄地和他们划条界线吧。

🤙 特特说

关于时间额度：你的时间里藏着对人生的安排

一个人的时间安排就是他对人生的安排。一天二十四小时，八小时睡眠，八小时工作，还有八小时，除去吃喝拉撒、扔在路上的时间，你还剩下多少给自己、给别人？

想想就感到紧张吧！这意味着，你所有分配给别人的时间，其实都是消耗留给自己的。

而留给自己的这部分时间，有人用来学习，有人用来恋爱，有人用来锻炼，有人用来娱乐，无论如何，它都决定了你的生活方式，几年后，你会慢慢变成什么样的人——

每天用两小时学习的人，得到继续深造的机会，或比你更早成为本行业的专家。

每天用两小时恋爱的人，因为爱，容光焕发，失去爱，也获得一份经验、一种经历，为下一次爱做足准备。

每天用两小时锻炼的人，不用说了，魔鬼身材就这么形成的。

每天用两小时娱乐的人，哪怕是每天看两小时电影，持续两年，他也会阅尽千部经典，成为这一领域里平凡人中的达人。

你呢？所以要慎重。

回到社交。我拿出一部分自己（的时间），用来和人打交道，不是为了让自己越来越不好的。

因此，对我最有利、最有滋养的人，理所当然，从我这里得到的时间额度要多，反之，损耗型的、黑洞型的，速速下决断，远离他、屏蔽他，换掉这些朋友、熟人。

我们在前面说过，在可选择的范围内，要给同类，更大的时间额度。

所谓同类，可能是比你高一级的、发展方向式的偶像人物，也可能是为情感共鸣社交目标的有共同记忆的人，或者就为渡过眼下具体某件事的难关，正在和你有着同样经历的人。

他们都和你的人生目标相关，值得你拿出一部分自己（的时间），因为他们就象征着你自己。

成长路上，我不止一次遇到这样的人。

我经常和我的前领导 QQ 上聊天。我曾将她比作《武林外传》中的佟湘玉，而我是郭芙蓉，她的活力、职业精神、好的习惯至今影响我，我愿意长久维持这种亦师亦友的关系。不只是感激，而是一个持续变化、发展的、正能量的人会源源不断给我带来新鲜动力。

我还有个朋友，我们一年见面不超过五次。每天，我在微信朋友圈里看她更新最新的动态，她的审美趣味，她的思考见解，都让我激赏。我常想，她就是世上另一个我，当然，是比我强很多的我。

每次，她来京出差，百忙中都要抽时间与我共度晚餐。我喜欢看她的眉飞色舞，也喜欢看她的若有所思，她经历的事是我会遇到的事儿，也是我正想搞明白的事儿。这样的交往给我启发，给我鼓励。

我的心得是，如果一个人某方面比我强，这种强又是我珍视并想拥有的，我会很想接近他／她。能对话、能交流、能学习，他／她肯带你当然最好。如果不，在其身边待着，默默受影响也好——不是追星，我视其为输入方式。

只有这样的交往，才值得我给出相应的时间额度。

在不可选择的范围呢？在步入社会之初我们的环境不能选。

为了自己有个舒适的人际关系，确实需要拿出一些时间和精力，你说敷衍也行，说应酬也可，总之，这一类交往不值得，也不能喧宾夺主占用你太多的时间额度。别忘了"五人定律"，你是和你交往最多的5个人的平均值，交往太多，时间额度占用太多，就是夺你想成为的那个人，你的人生目标的主。

比如韩梅梅的同事李琪琪，除非"为每个人热心服务的好人"就是她的人生目标，否则她只为有个良好人际关系而付出的，就太多了，已经造成自己的负累。

再看她和别人的实际交往，我没有看出一丁点的滋养，不过都是积沙成塔的举手之劳，既没有让她心情更愉悦，也没有让她业务能力更长进。是时候做适当减法，减少人情负担，以及正视自己究竟要什么，究竟要在社交中获得什么。

此外，我们终其一生，亲人不能选。

但你会成长，成长到可以用实力实现不受摆布，自由选择。那些消耗你的绊脚石，在你观望、等待、忍耐的成长期过去后，可以主动被你换掉，换不掉的起码可以远离。他们能从你这拿到的时间额度越来越少，最后变成零。

比如曾丽丽，在发现自己的父亲如韩梅梅的亲戚张一样，只是一味地将负面情绪倾泻给她，就在尽可能的范围内远离他们。说起来自私，但他们不想好好活，你还得好好活下去啊。

最后，不得不提一下，曾丽丽那位屡劝并无所动的女友，那是一个悲剧，好在及时反省，最终改过。

曾丽丽疏远她，是错还是对？我认为是对的，可怜之人必有可恨之处。但愿，我们自己不会成为这样的人——浪费了别人给我们的时间额度。

👍 她们说

她们最重要的人

工作中重要的 5 个人：老板、人事经理、销售经理、一个销售员同事、老板前助理。

家庭中最重要的5个人：爸爸、妈妈、老公、弟弟、婆婆。

——露露

工作中：直接上司、上司的上司、公司老板、老板背后的最
大支持者、公司目前同级最大竞争者。

家庭中：父母、弟弟、奶奶、小姨。

——MAY

感觉自己是没有圈子的人，除了家庭，在社交这一块说实话
真找不出5个很重要的人，不是别人的原因，问题主要在自己身上！

——学习的海绵

家庭中：女儿＋妈妈＋老公＋公婆。

事业中：现任总监＋原阿里的主管＋保险顾问＋合伙人＋
一个正能量同事。

——两滴

目前对我来说最重要的人是我的发小。

她是一个研究生，一直是我学习的榜样。

我为什么要考研究生，就是想有所改变，向发小看齐。

——雨

我生命中最重要的五个人：父母、爱人、两三知己。

人来人往，不同时期重要的人都在不断变化吧，那些对自己来说重要的角色一直都在，但那些在生命中留下重要痕迹的老朋友也不能忘，要做一个真诚有温度的人。

——筱雪寒雏

在我的家庭中我觉得奶奶对我的影响最大，她对我最重要。

我很佩服奶奶有着聪明的头脑和雷厉风行的做事风格，她交际能力也不错。我想拥有奶奶身上的特质。

另外，我很喜欢一位情感主播，叫米莉，虽然她离我很远，但对我来说也很重要。

她靠自己的努力一边做主播，一边在淘宝上卖服装。她跟其他卖家不同的是，她家的衣服都是她自己做模特，自己选款，而且质量没话说。她也经常熬夜通宵加班，我每次看到她，都会觉得那么优秀的人还这么努力，很是佩服。她的一切努力没有白费，店铺的衣服经常被卖空，我也想像她一样。

这大概就是"同类"，我最想成为的人吧！

——大乔

Chapter 3
第 三 课

社交形象管理:
明确并塑造你的社交形象

社交管理离不开社交形象的管理。

一、公之于众的一切都是营销

什么是社交形象？

在各种社交场合，你所展示的个人综合素质，形成的别人对你的认知。

一个人的站立、行走、举手投足，每一个姿势、眼神，都自觉、不自觉地反映内在的思想感情与文化艺术修养。

你的妆容、衣着，你的情绪，与之相关的细节。

你释放的信息，从网名到公共空间更新，你常谈论的话题、你做事的口碑……

可以说，公之于众的一切，都是营销，公之于众的总和是你的社交形象。

社交形象的管理目标是什么？

第一，留下得体印象。

外貌有美丑，审美各有标准。但文明、高雅、得体、有教养，是我们每个人都想留给大众的印象。

第二，对事情有推动作用。

大到推进你的人生目标，小到推进具体社交场合正在处理的事儿。

二、明确你的社交主形象

如何管理社交形象？

1. 明确你的社交主形象

首先，明确你的社交主形象。即你最想示人的那部分是什么？

一个人可以有许多面，不同的人生角色。你是温柔的母亲，你是严肃的上司，你是活泼的朋友，你是幽默的段子手。但你最希望别人眼中的你是什么样的？为你贴的标签是什么？

它就是你的社交主形象。

为自己画个像，合乎你年龄、身份，最理想的像。用形容词＋名词的方式，定义自己。

我是活泼的／外向的／羞涩的／内向的／严肃的／矜持的／乖巧的／嚣张的……

具有女学生气质的／中性范儿的／知性的／职业干练的／时髦的／朴素的……

万人迷／男人婆／名媛／辣妈／小公主／小妖精／淑女／熟女／知心姐姐／女强人／生活家……

你也可以加上职业，医生／律师／全职妈妈／作家／演员／职员……

等等。

2. 让社交主形象服务于你的人生目标

我们习惯将艺术作品类型化，方便观众、读者、消费者理解、传播、发行。

星座是将人类型化，方便信它的人对号入座，渐渐真的拥有对应星座的一些特质。

我们刚才画的像，其实就是为自己找一个类型。类型化，让别人更容易记住你，清楚你那些无须用语言解释的潜在表达。你也能找准自己的基调，大部分的衣着为它置办，言行举止服从它，公之于众的情绪、细节为它服务。

这类型不应是你排斥的，违心去扮演的，应是你无限逼近，最想成为，慢慢就成为的那个人。

它可能是你的人生目标，也可能是你阶段性目标实现的必需。

以之前大热的电视剧《欢乐颂》为例。

刘涛饰演的安迪，是严肃的、职业干练的女强人。她的形象与她在职场想服众，在生活中，想用盔甲将自己保护有关。

蒋欣饰演的樊胜美，则是外向的、时髦的熟女。她的形象与她恨嫁有关，与资深 HR 的职业相符。

众所周知的一位大牌女星，生育后，将微博介绍改为"某某妈妈"，某某是她的女儿。

明星 + 妈妈，是她选择的新标签、社交主形象。她大打亲情牌，拉近与观众的距离，越来越接地气，迎来事业的第二春。

你想成为什么人？

你近期想达到什么目的？

你哪种样子最美丽，最不失礼？

取它们的交集。再根据不同场合做加减。

3. 不同场合，根据角色对社交主形象进行加减

具体社交场合，你要明白三件事，再以自己的社交主形象为基础，进行加减。

第一，明确你的角色。

第二，明确合乎该角色的衣着、语言、行动。

第三，越放松时越应该警惕，明确该注意的细节。

戏剧学院上表演课，老师会告诉每个学生，演员上场前必须思考：我出场的目的是什么？表演任务是什么？

你也是，去每个场合都要问自己一遍，我今天的出场目的和任务是什么？是主角还是配角？生旦净末丑，今天扮谁？角色特征呢？

比如，你是活泼、时髦的职场新人。

你周末下午要参加一个非正式的工作茶局。出门前你要花半小时想一下：穿什么？今天哪些人可能出席？需要你做什么？保持沉默呢？还是镇住全场？去怎么去？回怎么回？

今天，你不是主角，主角是你的领导及对方同等身份的人。

你要带耳朵去听，轮不到你镇住全场，但你也不能走神。

你的角色是捧哏。你要接住领导的话，事前要想到他也许要谈的事儿，要说的数据，得提前预习、准备。

你还是丫鬟。你势必要照顾、保障、伺候比你年长、级别高的领导。

那么，进茶馆前，你就要有意识地观察，卫生间在哪里，安全通道在哪里，待会儿有人提出这样的要求，你可以一步指到位，这细节会体现你的细心、敬业。

你继续保持你活泼、时髦的社交主形象，但要加些庄重，对荧光闪闪的眼影、吊带、热裤说不，可以选择颜色不太沉闷的衬衫、长裙、西装等。

你的活泼表现在机警、全程精神在线上，别插话，也最好别碰手机。哪怕他们在说和你无关，你也听不懂的事儿。

三、网络：社交形象管理的重镇

公之于众的一切都是营销，是你社交形象的一部分，而越来越多的人，未曾谋面，先在网络上相识，于是网络成为社交形象管理的重镇。从哪儿开始管？

1. 网名、头像、签名档

从网名、头像、签名档开始管。我们每个人都要把自己当作一个品牌来管理。网名，就是你的商标名，头像是商标最直观的展现，签名档是你的用户说明。

有五点注意：

其一，网名、头像、签名档要和你的社交主形象一致。

其二，尽可能在各处统一。

你在QQ、微博、微信、论坛、注册邮箱的用户名，最好都一样。所有的言论，集中在一个ID之下，形成人设，最终形成别人对你的认知。

其三，不要有明显的恶趣味。

其四，不要随意变化，更换频繁。

其五，根据具体社交目标，进行微调。

也就是我们前面所说的，不同场合对你社交主形象进行加减。

设想一下，一个求职者，通过App，加上应聘企业的HR或老总本人的微信，她应聘的是办公室文员的工作。

她的简历原本无懈可击，但她的网名是"王思聪是我老公"。

头像中的她，面容姣好，但七种发色。这样的形象，用于向所有人公开的网络平台上是减分的。

再想象一下，一个女上司，精明干练，但她用于和下属沟通的聊天软件，头像是抱着孩子的，网名是某某妈。这固然表现了她人间烟火气的一面，但不利于她在职场给人以信任感。

应该怎么办？针对不同社交目标微调。在妈妈群，备注为某某妈，在针对以及报告工作对象的网络空间里，用更职业，更公共的网名、头像。

2. 公共空间更新

网名、头像、签名档是名片，公共空间则是相册，每一则更新，都是你为自己绘的像，是别人了解你的入口。

2.1 三个不要

其一，不要秀智商下限。

用我们流行的一句话就是：不信谣，不传谣。

有很多事，你稍微动下脑子，就能发现它的问题，或它的煽动性，什么吃绿豆能防癌啊，"是××人，就转"啊……克制自己，别让它们在你的公共空间出现。

完美社交形象的一部分一定包括有独立思考能力，理智、优雅；转那些一看就有问题的帖子，会让人怀疑你的智商。

如果一件事，你不能判断是真是假，先等一会儿，别急于发表意见，过一天或过一个小时再看，可能会出现反转。

其二，不要秀品行下限。

虐童新闻刚曝，你就发表言论，一些熊孩子该打还得打。或许你说的是对的，但一个公共事件出现，要尊重大众的情绪，没有必要为证明你的清醒，提出一些必然被反对的观点。

对于有普世价值的，公认是正确三观的，不要挑战它，不要标新立异。

其三，不要秀情绪下限。

我们的公共空间，更多的是向通讯录里 150 个人开放，由他们通过六度分隔空间理论，向无限未知的人际圈传播，而不是向最重要的那 5 个人开放。

所以在这样的公共空间，泄露隐私越少越好，泄露像隐私一样机密的纯个人的情绪，尤其是消极的越少越好。

你不满意你的上司，刚开完会你觉得他布置的工作一项都不对。你在朋友圈，及时更新了你对他的评断，"一将无能，累死万兵。"你的怨，你的愤恨，毫无保留地都拿出来了。其实，你不在乎这位上司的想法，也让其他上司不敢用你这样的下属。

你平时是好人，是活雷锋，俯首甘为孺子牛，但你一喝醉，就在朋友圈用脏话大骂所有人。你能力再突出，再照顾弱小，重要的事儿也不敢托付给你，知心话不敢告诉你，怕你哪天又喝醉，全盘向别人脱口而出。

2.2 三个要

其一，要牢记社交目标。

其二，要明确社交任务。

其三，要学会分组。

简而言之，就是我要做什么事儿，这事儿和哪些人有关，在他们面前，在公共空间，我要树立什么样的社交形象，才能促成这件事完成？我的哪一面不想给他们看，或可能会坏事儿。

以职场为例。你是房地产经纪人，你今天带客户看了几处新房，客户对你很满意，你们互相加了微信，但他打开你的朋友圈，发现你所有的更新都和房地产没关系，全是你业余做微商，卖面膜的那些，这是不成功的朋友圈。因为社交目标混乱，社交任务没有完成——让人质疑你的专业、专心。

那么，为什么不把你房地产的客户，和你做微商面向的那些区分呢？公共空间是能分组可见的。

以家庭为例。你是父母唯一的孩子，你选择在"北上广漂"，你不想让家人担心。

于是，你每天的更新是美食、美景。和同事关系很好，有很多人追求，你业余有许多爱好，你身边的人都值得你学习，你也确实在学习，你心情不错。

其实，你的日子未必如此，但你父母亲朋看了，把之前种种顾虑、担忧都一扫而空，他们见你开朗、开心，顿觉安慰，这是成功的朋友圈。关键是你屏蔽了知道真相的那些，不会让人觉得你在作假、矫情。

2.3 向精准社交目标，每天投放一份你的简报

我们强调网名、头像、签名档的重要，其实是强调第一印象的重要，但你也要相信久而久之的力量。

经典就是不断重复，印象就是不断加深。"久而久之"在公共空间塑造社交形象上功不可没。

你试试每天都发一条，针对你精准社交目标可能感兴趣的信息，在公共空间，看看有无实效。

将人分类，将公共空间分组，将你的信息像编辑简报、刊物一样投放，你的产品是你自己，这些信息是你的营销。

说回房地产经纪人。你针对刚接触的客户，每天固定的点，发布与这些业务相关的资讯。

时不时，发表自己的点评；时不时，贴一些和客户之间的互动；时不时，加一些个性化又不涉及特别隐私的生活细节，增强你的人设感，让网名背后的那个你人格化。

这是针对完成工作这一社交目标，制定的社交形象维护方案。

甚至这样的公共空间更新，是可以抄送给你的同事和领导的。当你不好说自己加班时，你可以拍一盏灯，地点标注为你的办公室。

你要经常想象自己是一个陌生人，第一次打开你的公共空间，用完全陌生的眼光打量自己，所有信息，汇总得出的形象，是不是你给自己画的社交主形象的像。

你也要经常想象自己是一个熟人，他在分组可见中，只看到你让他看到的那部分，在你的社交主形象上，他有无看见你的加减——

活泼的、时髦的＋敬业的职场新人。当他是你的上司时。

活泼的、时髦的＋体贴的、有趣的单身姑娘。当他是你可能的恋爱发展对象时。

活泼的、时髦的＋合群的老友。当他是你的故交时。

活泼的、时髦的＋稚嫩的孩子。当他是你的父亲或父辈亲戚时。

别虚伪，但一定要懂技巧，用技巧来更新对自己的说明，把那些不能摆在台面上的话，藏在技巧中，让对方舒服地懂，是我们做公共空间管理的目的。

当你的精准投放目标对你的公共空间形成阅读习惯，有阅读期待，就等于你从他那里得到的时间配额越来越多。你可能从六度分隔空间中他的陌生人，变成通讯录里的150人，最后成为最重要的五个人。你们之间原本的弱联系，慢慢变成强联系。

当你所有的社交目标都按你所想对你类型化，认为你的社交主形象就是你，你的社交形象管理就成功了。

当然，我们说真正最重要的社交形象管理，不是在社交场合，而是你的口碑。

做一个靠谱的人，凡事有交代，件件有着落，事事有回应，如此"久而久之"，口口相传的你的形象，更结实、可靠。

好了，这一课我们总结一下，关于社交形象的三件事，你马上就可以做——

1. 将网名、头像、签名档，尽可能在各处统一，符合你的社交主形象。

2. 将你朋友圈里的人现在就分组，职场的归职场，家庭的归家庭，八卦的归八卦。

3. 从今天开始，每天发一条有针对性的朋友圈，专门给近期主要攻关的社交对象看。

我们再做一个小练习——

思考一下，你朋友圈里最重要的人，最需要精准投放你的简报的人，有哪几位？

每天针对他们的朋友圈，你该怎么发布？

👍 案例 1

步步惊心

韩梅梅所在的公司，有条不成文的规定，同部门的男女同事不能谈恋爱。

"如果谈了呢？"一天，韩梅梅遇见师兄李雷，一歪头好奇地问。"谈了就分开，主动承认的调开部门；搞地下情的可能被归于失信性质；情节严重的，比如财务部的主管和副手，隐婚两年，才被发现就直接开除了。"李雷一副痛心的模样。

一问一答发生在小规模同事聚会中。包括韩梅梅都没发现在座两人神色有异。但很快，大家都知道答案了。

"张莎莎和方乐乐是一对！"不知谁最先说的，总之叽叽喳喳传遍公司。

曾丽丽是他俩的领导，知道消息的第一时间，把张莎莎、方乐乐叫到办公室，问他俩打算谁去谁留，去的人是打算公司内部调动呢，还是干脆离职。两人委屈着，又纳闷着，曾丽丽冷冷一笑，"别说有人举报了，就是我，也早看出一些你们之间的不对劲了。""怎么看出来的？"张莎莎和方乐乐异口同声。

"怎么看出来的？"稍后，韩梅梅和李雷也异口同声问当事人。

"通过计步软件。"当着张莎莎和方乐乐的面，曾丽丽笑着回答。

"通过计步软件。"当着韩梅梅和李雷的面，张莎莎悻悻地回答。

真是防不胜防。不过，按曾丽丽的说法，公之于众的一切都是你形象的一部分，都是你愿意示人，与众分享的，那么计步软件上的步数，当然也可以作为证据，默认为你愿意拿出来给人看的。

至于曾丽丽怎么看出来的，完全是通过细节。

比如张莎莎曾和方乐乐一起出差，回来后，曾丽丽问他俩都去了哪些地方，拜访完客户后，有无同行，两人均矢口否认。但曾丽丽打开计步软件，两人相近的步数贴在榜上，不得不令她起疑，"怎么会那么巧呢？"

之后，好几次节假日，张莎莎和方乐乐也都巧合地步数基本一致。再看看他们休年假的时机基本相同，朋友圈里晒的景区景致有重合处……

想来，举报他们的人也是通过这些细节捕捉到俩人的地下情实证的吧。

张莎莎和方乐乐业务能力不错，谈恋爱本来也不是什么不可告人的秘密，两人调开部门，这事儿很快就过去了。但不加注意，网络就会泄露一个人所有的秘密，以及有意识经营网络形象的重要性，却被韩梅梅记在心里。

还拿计步软件说话吧。李琪琪请了病假，其实是去接留学回来的表妹，又陪她好好玩了一天，没想到，第二天就被曾丽丽劈头盖脸骂了一顿。隔着窗，同事们都听到了。

"你是病了吗？"曾丽丽面色严肃。

"是。"李琪琪努力镇定。

"你看看你昨天的微信步数。"

"怎么了？"

"生病，不应该是躺在床上，顶多去医院拿个药，打个针吗？"

"对啊，我就是躺床上，然后出去打个针。"

"你昨天步数是两万步，去趟迪士尼游乐园也不过如此吧？"

李琪琪无法解释，露馅了。同事们纷纷吐舌头，觉得曾丽丽太厉害了。

"一天一千步之内，一般在室内，极有可能在家里。"

"三千步左右，在单位。"

"三千至五千，有点忙，五千以上，很忙。"

"一万步，那是有意识在运动，两万步，有意识减肥。"

"两个人有相似的步数，而他们又认识，他们可能今天一直在一起。"

"一个人数天的相似时段，步数均有大幅度提高、冲刺，那是他的锻炼时间。"

"……"

下班前，同事们的话题和研究成果纷纷围绕着计步软件，真是越研究越心惊，所谓步步惊心。

"曾总，"韩梅梅又蹭曾丽丽车时，恭恭敬敬地喊一声，并求教，"计步软件这种是不是应该关掉更安全？"

"倒也不是，"曾丽丽笑，她拿一个业内前辈举例。

前辈深识营销之道，包括计步软件，她每天不多不少走一万五千步，并时不时在朋友圈晒一下，如一个月、三个月、半年、一年等时间节点。

虽然每次的配文都千篇一律，都是"自律让我自由"，但每次总能获得点赞无数。

"日积月累，天长日久，前辈自律、上进、神采奕奕的形象深入人心。"曾丽丽笑，"这何尝不是一种营销？这就是一场处心积虑的形象塑造。"

"聪明人会利用一切方式帮助自己实现目的，而糊涂的人通常是糊里糊涂把自己的秘密、机会、信任断送的。"

韩梅梅这天在日记里这么写道，从这一天起她也每天都走一万步，她想营造一个自律、有规划、做什么都持之以恒的形象。

案例2

一条群消息引发的行业封杀

这个夏天，公司最大的新闻是公关部的林森森被解雇了。

解雇每个公司都有，随时可能发生，并不算新闻，新闻的重点是林森森面临的是行业封杀。

事情的原委如下——

一位行业名人，在微博上公布了丧夫的消息。熟悉名人的人都知道，名人的丈夫患恶性肿瘤方面的疾病，缠绵病榻已有两年。

前不久，名人还开心地宣布在瑞典发现了一种新型药可抑制该肿瘤的生长。没想到才过一两个月情况突变，名人的微博就变成一句"他走了，我想念他"。观者无不为之心痛，许多人就在微博下留言表示安慰。

林森森和名人只见过一两次，还是在行业会议上，基本上算是陌生人。

不知出于无意还是出于恶意，林森森在一个行业同仁的群里，戏谑地就名人丧夫的事儿加以评论。"走了，不是对谁都好吗？""名人不愁吃不愁穿的，我打赌，不出一年她就会交上新的男朋友！"

说实话，林森森发布言论的行业同仁群，不超过五十个人，包括李雷。林森森自认为，个个都是哥们、姐们，没人会把他随意说的话泄露出去，没想到，他吃个午饭回来网上已经炸锅了。

不知是谁，把群消息截图，发到网上。对，就是那两句话——"走了，不是对谁都好吗？""名人不愁吃不愁穿的，我打赌，不出一年，她就会交上新的男朋友！"

林森森的网名当然不是真名，头像倒是用了他最自信的侧颜。很快，他在不当时机说出的不当的话，燃烧了人们的怒火，截图被广泛传播。

名人被好事者知会后，又气又痛，在微博上发出檄文，"请问，这位网友，我有什么得罪过你吗？你家里就没有过丧事吗？你攻击我可以，为什么要殃及我的先夫？我发誓我和你势不两立！"

檄文下是同情的留言和讨伐林森森的各种语言，此外，人们开始自发人肉林森森，从网名到侧颜，一个行业能有多大？

上午十点，林森森在群里乱说，下午三点，他就接到各种恐吓电话。QQ、微信、微博、邮箱，被全面围攻，加他的人，给他发消息的人，只有一个诉求：骂他，林森森崩溃了。

下午四点，林森森在办公桌上，先是砸拳头，再挥舞着青肿的拳头，对空气呐喊："谁！究竟是谁，把群里的消息发到网上的？"

办公室中，除林森森外，起码有三人都在那个群里，不出所料，没有人承认。

林森森又坐下来，拍着键盘，在群里质问，是谁截图发出去的。这样的质问，一天已经发生了十遍，不出所料，还是没有人承认。

李雷过去摁住了林森森，"现在发火已经于事无补，找出谁散布消息，又有什么用？难道你要去决斗？这事儿，你确实有错在先。"

林森森抬起头，用一双红了的眼，瞪李雷："难道是你？"

李雷暂时不和他一般见识，仍在劝他："肯定不是我，兄弟，听我一句劝，赶紧公开道歉，越诚挚越好，姿态越低越好。"

林森森还没道歉呢，就被公司人力资源部叫走，宣布解雇。

林森森刚要道歉呢，公司的道歉信已经张贴在官微及行业相关的各网络公开场合，不是名人威慑大，而是，网上指名道姓骂林森森的，都加了定语"A公司林森森"。

"你的一言一行，在行业群中，就代表着公司形象。"人力资源部的头儿敲着桌面，恨铁不成钢地批评林森森。

"再给我一个机会，我也是受害者。"林森森很委屈，"我怎么知道，在熟人群里随便说一句话，就会闹成这样？"

"没有机会了。"人力资源部的头儿无奈地摊摊手，"无论从企业形象出发，还是从内部警示的目的思考，都必须拿你做典型，是反面的那种。我们要警示所有员工，注意在网络上的行为。你认为是在熟人群中开玩笑，但公之于众的一切都是你形象的一部分，都要有被传播、被扩散可能性的警惕，显然你没有，所以你也不适合做公关部的工作。"

话说到这儿，林森森已无力挽回。这一天，林森森终于正点下班，下班时带走的东西比平时要多得多，因为他离职了。

送林森森回去的是李雷。不久后，带回他消息的也是李雷。

林森森在家休养一周后，开始四处求职。但无论是本城公关界，还是原行业，看到林森森的大名，及写着 A 公司的工作履历，都摇摇头说："对不起，我们觉得你不适合这份工作。"究其根本，还是那条群消息造成的。

李雷和韩梅梅讨论林森森时，都为他惋惜。

"怎么说呢？也许对林森森是件好事吧，让他长个记性。"李雷说。

"对他身边的人也是件好事，我就因此长了记性，谨言慎行，秀情商下限、智商下限的话，绝不能说，绝不能公开说。"韩梅梅心有余悸拍拍胸口，仿佛那个被封杀的人是自己。

特特说

网络，让聪明的人更聪明，愚蠢的人更愚蠢

聪明人会利用一切机会展现自己，只展现自己最好的那部分，愿意示人的那部分，愚蠢的人则相反，所以证明他愚蠢。

不是作假，而是取舍，你是你的创作者，也是你的编辑、经纪人，必要的时候，你就是你的产品，你的形象就是产品的包装。

如今的人啊，天天接触的能有多少？

大部分是通过网络，是通过口口相传的口碑。所以，无论是聊天记录、计步软件，还是网名、头像，都值得管理，它们都是你形象的一部分。

张莎莎和方乐乐因为步数总惊人一致，暴露了地下情，这还是小事，不过是个人信息，不想让人知道的那些被人索取、获得。

林森森的不当言论，已经构成对自己职业生涯的伤害。可以想象，未来很长的一段时间，他只有付出很多努力，才能弥补因一时糊涂造成的社交失误对自身形象的影响，甚至到他年迈，向孙辈回首往事，进行人生、职场教育时，还要拿那张截图作例。

切不可掉以轻心。举几个类似的例子，都是真实发生的。

我的一位校友李，在朋友圈发表私人言论，肆意评点学科范围内的大家，什么东有某某，西有某某，"在我眼里都一钱不值"；南有谁谁，北有谁谁，"也不过尔尔"。要知道某某和谁谁们都是国内数一数二的大师、教授，而校友李只是刚刚读研一的学生。

少年狂妄，自古有之。然而，校友李，该少年的狂妄言论，在朋友圈中被他的导师看到，不巧的是，校友李举例的某某、谁谁还都是导师的师友辈。老派学者的自尊和谦虚决不允许他的徒弟如此这般，他更害怕的是，之后徒弟还会有哪些不恭的言论针对他的师友，那会令他颜面无存，把多年来在学界积攒的好人缘消耗殆尽。

就在第二天，校友李的导师就公开表示，将校友李逐出师门，一时间校友中、同行中、该学科中，此事成为新闻事件。校友李和案例中的林森森一样，感到委屈，感到小题大做，可真的是小题大做吗？

再说，我在工作中遇到的两个人。

一位，是在我负责单位招聘时遇见的。说是遇见其实是互相加了微信，确定面试时间，但几乎在验证通过的一分钟内，我就确定，他失去了面试机会。

为什么？因为他前来谋求的职位是编辑，做文化工作。但微信头像中的他，头发起码四种颜色，再看他的朋友圈，和文化工作毫无关系，全是微商、代购消息。

从既往经验，到平时生活中最关注的事，到给我的第一印象，为这份工作做的准备，起码的诚意，我没有看到。

另一位，则与之相反。

面试时，谈了今后可能要和日本方有漫画方面的合作。晚上，我就看见这位求职者，一个小姑娘，在朋友圈晒了，她在京东下的单，全是漫画。

隔几天，她甚至穿了件灌篮高手图样的T恤，并自拍，晒在朋友圈。虽然她之前对这方面的工作内容不熟悉，但这些举动，你说心机也好，你说真心实意做出的努力、改变也罢，起码说明了她的诚意和示好之心。

社交形象有很多种，取你最想要的。实现社交形象的方式有很多种，找最适合的你。

记住，网络是当下维护形象的重地。步步小心，步步为营。

她们说

她们的社交形象

我是：公关社交脸，活泼帅气女，聪敏机智嘴。

——Stella

现在时常给老爸投放"简报"，"简报"中我是乖巧的、爱耍小聪明的、孝顺的……呵呵，感觉我们父女关系在慢慢变好。

——月光照水

朋友圈更新，一定要注意人员分组是不是会有交集啊！有一次我发了个分组朋友圈，排除了老板，但我其他分组里有老板的交集，人家闲谈时提起了我的那条朋友圈内容，老板说他怎么没有看到……然后，很尴尬。

——Mercy

一直以来微信朋友圈是不分组的，因为我想把真实的自己呈现给每个人，后来发现每个人都是多面体，有好学的一面，文艺的一面，吐槽的一面，忧愁的一面……是的，大概总有一面不被人所喜，所以我还有一个微信，只有最亲密的几个人能看到，这样，我就可以展现和记录最真实最全面的自己。

——卷毛

社交圈里的我，既是一个活泼外向的 22 岁小女孩，也是一个知性又成熟的万人迷。我的世界充满好奇，对任何一些不懂又未知的事情都想要学习了解，爱看电影、爱运动、爱健身、爱美食，也热衷于公益慈善。我朋友圈的个人签名是：要做一个简单，清澈温暖而有力量的人。听了林特特老师的课之后，我又学会了如何做好友圈的规划。感恩遇见。

——小虾虾

之前的朋友圈，我的原则是，我分享的链接一定要配上自己的读后感，发出链接之后，再发一条带有链接内容的截图和自己写的文字的消息。我发现，我自己截图和文字的内容都会被点赞，但是直接发链接的那条，毫无动静。朋友们都喜欢看我自己制作的内容，而非复制粘贴的链接。

——苏蕾

我的工作室是做舞蹈培训的，所以我用于工作的微信，朋友圈中想体现我专业的，有影响力，且热闹的店铺形象。包括：1. 基本功练习方法。2. 公司公众号推文。3. 时不时的店内动态。个人我想树立一个有规划的、爱学习的、积极的年轻人的形象：1. 古典老师的"每天三件事"。2. "香帅老师的金融课"分享。3. 自己的学习笔记、知识账本，除此之外还可以增加一些其他有趣的内容。

——萌萌

Chapter 4
第 四 课

陌生人的社交管理：
如何跟陌生人交往

大家好，这堂课是女性社交管理的第四课，我们来探讨如何和陌生人交往。

我们人生的大部分时间和熟人在一起，但熟人大都从陌生人发展而来。我们每天也都会遇见陌生人，和陌生人交往，成为一种必需的技能。

怎样最快、最省力，对眼前出现的陌生人进行信息筛选，判断有无来往的必要，礼貌交谈，达到目的，留下好印象，并不浪费时间？

我们从四个方面讨论——

一、和陌生人聊什么

1. 约会之前，先做调查

一个陌生人，在我们面前出现，通常分两种：有准备、有目的的；无准备、漫无目的的。

对于第一种，我们应事前做好调查。

利用搜索。对陌生人的背景、年龄、学历、籍贯、从业经历，你们今天要谈的事儿，和见面目的相关的种种用网络搜索，做资料搜集。

利用中间人。通过你和陌生人之间的中间人，了解对方的信息。除了背景资料，还可以深化、细化，如对方的禁忌。哪些话题是不能谈的？对方有无特殊信仰？是不是少数民族？投其所好的话，他的好是什么？

进行信息分析。将我们搜索来的，通过中间人打探来的信息进行汇总、分析。

有准备地和陌生人交往，一定有社交目的。那么，目的是博他好感，该谈什么？目的是通过他办一件具体的事儿，什么时候该抛出问题，抛出哪些问题，见面前要有个起码的谈话大纲。

2. 找交集

对于有准备的见面，做完调查，你的心里已经有个大概，你和对方的交集。

他是新疆人，你的某位祖上在新疆援过疆；他在香港上的大学，你曾在香港旅游过，最不济也喜欢过某个香港籍的明星。

对于无准备的见面，可以就场景来谈，如果你们正在一个沙龙，沙龙本身就是你们的交集，为什么会同时出现？共同认识的朋友是你们的交集，你们当下踩的土地，所处的城市，是你们的交集。

单身女性最常遇到陌生人的场合除了工作，就是相亲。第一次见面不知道谈什么，谈介绍人，即中间人；没有介绍人，靠中介机构相识，那就谈如何找到这个机构；谈为什么单身；谈彼此的经历。谈着谈着交集就多了。

在做好资料搜集、情报分析的基础上，一个和历史系博士相亲的女性，甚至要把准备工作做到提前看一看对方的博士论文，哪怕只是标题。不是为了进行学术探讨，而是如果对方写了十九世纪的英国，你起码可以谈谈你感兴趣的《傲慢与偏见》吧！

3.准备几个固定话题

你要有几个固定话题。任何时候，只要你愿意，都不会冷场。这是你的黄金谈话方向，也是你最容易和人找到交集的地方。除了天气、交通、城市，这些大众话题。你还可以谈热点新闻，谈星座。

谈你最容易引起共鸣的一项兴趣。

你的固定话题，要针对面前陌生人的不同年龄、性别、社会身份调整。你要判断，对面的他／她所处的人生阶段、社会阶层，此刻最容易遇到的问题，想和人分享的事儿。

这在你过往的经验中，会找到答案。即和老年人谈什么，和中年人、年轻人分别谈什么，他们最热情、最愿意和你继续聊天？

如你和 40 岁有孩子的女人第一次见面，可想而知她在家庭、事业间平衡很辛苦，就谈这辛苦；你和 40 岁没孩子的女人第一次见面，她的业余时间应该是充裕的，可能爱旅游，可能有其他爱好，就谈这爱好。

你和 40 岁的男人可以谈职场，但不要和他谈婚姻，除非你有其他目的。

4. 准备几个段子

你的固定话题中，还要包括几个段子。

尤其在你遇到一群陌生人，一个应酬式的场所中，你准备几个固定的段子，你说得熟练，无伤大雅，大家都会哈哈一笑，这有助于你赢得人们的好感，谁会讨厌一个幽默风趣让自己开心的人呢？

这些段子，也有助于把你的客场变成主场。

5. 提问

你还可以提问。在正事儿之外的提问——

5.1 缓解冷场、尴尬

如果你不知道说什么，你把自己的话重复一遍，用疑问语气，对方会有解答欲。

如果你不知道怎么接住对方的话，你就把对方的最后一句话用疑问语气重复一遍，对方自然会认为你对他所说的话发生兴趣，会再度解释。

5.2 可以测谎

我们问问题，有时不是为了得到答案，而是为了看对方表现，我们随时、适时抛出问题，可以观察对方的表情、反应，是否将刚才说的话，在此刻的提问中又推翻。

二、省时：怎样聊天最快达到目的

1. 尽快进入主题

首先，尽快进入主题，在必要的寒暄后，先谈最重要的事儿。

针对有准备、有目的的见面，我们做完资料搜集、分析，在出发见面的路上，就要想好，今天要谈哪几件事？这几件事中，哪一件最重要，今天我什么都没做，把这一件事解决了，努力就没白费。

演员上场都有表演任务、出场目的，你要解决的事儿，就是你的任务、目的。

2. 你来控制时间

你要让对方知道，你能给他多长时间。

你下午一点约的人，他云里雾里和你的开场白花了十五分钟，你直接告诉他，你三点还有什么事，这样，对方就很清楚，你们的对话只在两个小时之内，必须解决问题。

如果不方便直接告知，当谈话进行到一定阶段，可以看表；可以事前对好闹钟，提醒你也提醒对方谈话要告一段落；可以事前约定某个人在某个时段给你打一个能脱身的电话。

3. 识别何时停止和转移话题

一个人对你的话题没有兴趣，你再多谈都是浪费时间。

你要非常敏感地觉察到对方是否有兴趣——

你面前坐着的陌生人，眼神开始游移不定四处飘，频繁看表，打断你的话，对你的疑问句没有及时反应；你在一个大型会议做陈词时，面前坐着的一半人都开始玩手机，窃窃私语。这时，就是你停止和转移话题的时候。

你可以停顿，适时的安静是一种警示和提醒。你可以提问，问题的设置要让面前的人有话可说。你可以重复刚才说的最后一句话，表示强调。你之前准备的几个段子，也可以派上用场，一个轻松的笑话，有助于拉走神的人回神。

三、省力：怎样聊天最省力气

1. 让对方先说

对于有准备、有目的的见面，我们要尽快进入主题，先谈最重要的事儿。

一旦引入最重要的话题，让对方先说，让他介绍情况、谈条件。

让对方先说，你马上就能判断。通过他的语气、态度，对他这个人有判断。并在他说的过程中，思考、准备你的谈话。

2. 利用你的固定话题和问题

我们前面谈到根据不同年龄、身份、性别的人，我们要准备合适的话题，以及我们自己的黄金谈话方向。

想聊天省时、省力，就要尽可能把话题往我们擅长的方向引导。

3.把所有人约在同一个地方

被动地遇见是一回事，在能主动决定约会地点和时间时，要尽可能一次性解决问题，单位时间内多做事儿。

处理同一类问题需要见的人，如果互相之间没有冲突，那就约在一个地方同时见面。如果有冲突，就安排在一个地方的不同时段。

因此，你在一个城市，东西南北都要有自己的据点，你的办公室，你附近的咖啡馆、茶馆，或者在你和你的约会对象之间，你能迅速找到一个中点。

当你把所有的人都约在了同一个地方，就省下了交通时间，也省下了力气，而且在每两个人之间，谈话的缝隙之间你也能喘息一下。

4.记住，重要的谈话，你都只有一次机会

其实无论面试、会议发言、相亲……都可以囊括在与陌生人

交往这一命题中。十分重要的谈话，甚至一通电话，你的心里都要有提纲，要提前演习一遍。

要设想种种可能，怎么应对，怎么接话，只有把每一次见面当作唯一一次机会，一次办成，是最省力气的方式。

四、如何甄别对方的信用

一个陌生人出现在你的面前，或者已经见过几次面了，但他仍然算是生人，如何迅速甄别对方靠不靠谱，能不能继续交往、合作？除了资料搜集、背景调查，还可以通过以下知识。

1. 微表情

一些关于微表情的基本常识，你要知道——

比如，从不敢盯着你眼睛说话的人，一定有些不可告人，起码不可告你的事儿。

比如，抖腿、抱肩、敷衍的笑，都说明眼前这个人对你的警惕性，对你们谈的事儿不够投入。

2. 尊重你的直觉

叔本华说，我们的本能比我们想象的要理智得多。经过这么多事以后，我们的大脑已经有自动筛选、趋利避害的机制。所以，你发现对面的人第一次就让你感到不舒服，勉为其难地交往，事实一般都会证明你的本能没有出错，之后会一直勉为其难。

3. 通过一个已知答案的问题

我们在前面说过，提问不一定是为了得到答案，而是为了看对方的反应。

一些问题，在资料搜查和之前的聊天过程中，其实你已经有了基本了解。问问题，对答案，只是看对方是否诚实。

比如一个海归，他明明毕业于天主教学校，回答你的提问时，却说他毕业于基督教学校，那么他的信用就存疑。

比如，你看见他刚才是骑单车来的，你提问，你怎么来的？他回答，我开车来的。他的信用也存疑。

4. 通过你们有交集圈子的熟人

这熟人肯定不是你们的介绍人，一个人的口碑是他最大的信用。一个人周围的人，超过一半说他不好，一定要引起戒心。

甄别信用有可能杀敌一千，错杀一百。但肃清朋友圈，才能减少社交负担，增强社交目的达成的成功率。

甄别完信用，还要学会要联系方式。一个招你喜欢的，对你有用的，不知道什么时候能有用的陌生人，你们进行了愉快的聊天，之后呢？还有下文吗？

你当然可以等，但也可以直接要联系方式。如果不好意思，可以号召周围的人，"来，我们面对面加群吧！"这是一种社交技巧，一般人都不会拒绝。

和陌生人的交往，我们保证无准备、无目的的交往，礼貌、周全、不冷场。在有准备、有目的的交往中，达到目的，省时、省力，埋下继续交往的伏笔。

好，这一课中，关于和陌生人的交往，我们总结一下，马上就可以行动的绝招——

（1）重要的谈话只有一次机会，重要的电话需要提前写提纲，拿起话筒前，先试着演一遍。

（2）学会用十分钟分析一个陌生人的朋友圈，最快速度找出你俩的交集，这就是你们待会儿的话题。

（3）预先告诉对方，你能给他多少时间，这样，你就能控制谈话时间，并在谈话发生不愉快时及时脱身。

另外，留一个小练习——主动去要一个你感兴趣的陌生人的联系方式。

祝你成功！

🤚 案例 1

你们俩是怎么认识的？

韩梅梅发现一个社交法宝，在一群陌生人，或半生不熟的人居多的聚会中，如何让气氛活跃。

谈天气？No, no, no……太小儿科了。

谈星座？针对年轻人行，针对轻松的场合行。一旦有年长者，或有些严肃的局，星座就显得轻浮，不那么正式，还会给人神叨叨的感觉。

韩梅梅的社交法宝是，提问："你们俩是怎么认识的？"

好问题的发现，也是在一场聚会中，李雷带韩梅梅参加的。在座的，韩梅梅除了李雷，谁也不认识，但席间有位善解人意的姐姐，为照顾到每个人，不至于冷落每个人，她打开话匣子，问所有带朋友来参加活动的人："你们俩是怎么认识的？"

哈，就像好的高考作文题，让每个人都有话想说，有感情想表露。

一对恋人，相视一笑。男孩说，他在公交车上天天见到女孩，有一天女孩没上车，他若有所失。第二天，女孩在公交车站再次出现，他松了口气，松气之余，他竟问出口："你昨天生病了吗？怎么没来等车？""嘿，我们就这么认识了！"男孩一搂女孩的肩。

一对暧昧期的男女，一听问题，先互相一指笑起来。

"你说！"

"你说！"

女生先发言。原来，两人是坐高铁时，由于系统错误，买了同一座次的火车票，车厢满员，列车长也没有办法解决，女生提出，"一人坐一半吧。"

"我心想，这姑娘豪放啊，一人坐一半座位？我一米八的糙汉子，怎么缩，才能只占座位的一半？难道她这是想坐我腿上？"男生插嘴。

"想得美！"女生接过话。

"那最后，问题是怎么解决的呢？"众人好奇。

"一人坐一半车程，关于究竟哪里是中点，辩论很久。""然后就成了朋友……"两人你一言我一语拼凑出事实。

还有一对同系不同专业的同学，互相称对方是战友，胖的称更胖的是"熊大"，自称"熊二"。

"我俩怎么认识的？"熊二重复一遍问题，"大哥，你说！"

熊大解释，当年他们研究生一栋楼，互相不认识，但不知谁建了一个局域网，聚众打 CS 游戏，熊大技术精湛，进去没多久，灭人无数。于是，就有人发问："你是在作弊吗？"熊大立马表示，绝无作弊行为，不信的话，可以来某楼某室来找他，看看他打现场。

五分钟后，熊二出现在熊大身后，他就住在熊大楼上，现在叼着一根烟观摩了一会儿熊大的战绩，"就决定拜他为大哥了！现在我们兄弟已经有十年的交情啦！"

熊大这时赶紧点上一支烟，一副热血酬知己的样子，递到熊二的嘴边。

真是黄金问题。韩梅梅那天和李雷也把当初仅凭邮件上的英文字母，就迅速识别出对方校友身份的小故事又拿出来品评、分享一番。

有人说："好浪漫！"

有人说："这不是言情小说中的经典桥段吗？"

韩梅梅脸红了，李雷神色也有些不自然。

从那之后，韩梅梅就把这个问题记在心头。同学会，面对老同学带来的新男友、新女友，她就这么问。出去远足，面对驴友和他们的伴，她还这么问。确实不会冷场。确实有很多好故事，意想不到的故事，发生在"你们俩是怎么认识的"问句后。

这个小长假，李雷邀韩梅梅回老家转转。李雷的老家在风景区，山连山，弯连弯。

韩梅梅走进李雷的姥姥家，和老人拉家常。她倒没有用"你们俩是怎么认识的"这一黄金话题，而是问老人哪一年出生，在脑中飞快地计算了下李雷姥姥可能经历过的历史大事件，随机提问——

"姥姥，'土改'的时候，你在做什么？"

"姥姥，1979年包产到户，你们这儿是怎么实行的？"

姥姥好久没有这么畅快地聊天了，一发不可收拾，和韩梅梅一聊就是俩小时。

最后，姥姥忽然想起什么，问韩梅梅："你们俩是怎么认识的？"

嘿，看来姥姥也很懂什么是黄金问题嘛！

案例2

范妮的下午茶

范妮和韩梅梅只有几面之缘，却把韩梅梅拉进了她的下午茶群。

原因无它，只是韩梅梅偶尔提起，她有个爱好，即闲暇时，爱去各大酒店的咖啡厅探访、品尝。出差或放假，去外地，她对景点兴味索然，但一定要去本城点评软件中得分最高的下午茶的地儿看一看，"那是我最放松、最惬意的时刻，而且还能听到很多八卦！"

范妮有同样的爱好。不由分说，她将韩梅梅拉进群，群中有更多同好。从蛋糕的种类、咖啡的品类，到餐具、餐桌美学，群里又是图，又是定位。有时，韩梅梅点开群，什么也不说，什么也不应，单看那些精美的图片，味蕾就会有感应，一丝甜缠绕唇齿间，心情也好了起来。

"我们每周六来一次下午茶的局吧！"

"轮流做东？"

"不不不，还是 AA 吧。"

"大家都去吗？"

"固定人数吧，名额有限，报完名为止。"

"去哪里吃下午茶呢？"

"只喝茶吃点心，不来点话题吗？"

瞬间，计划雏形出炉了——每周六下午，最少三人成局，定额七人，人多则开两局。目标：今年走完全城著名的下午茶的地儿五十家。任务：每周共读一本书，谈心得；或分享一个主题，如："韩梅梅谈装修"。

主题和书名由群里投票决定。

韩梅梅忽然朋友多了起来。

能参加这个群的，大多年龄相当，性格开朗，只是行业不同，专业有分。一时间因下午茶，韩梅梅发现不同思想、经历的碰撞带给她更多的输入和滋养。

网名小蜜蜂的长腿美女，是海归心理学博士，她刚回国，急于融入社会，所以参加下午茶活动。一次，轮到她分享，主题是一个心理游戏，用一副特制的牌，教大家"认清你自己"。那次满员，七人。

小蜜蜂是游戏者，也是主持人。韩梅梅揭起一张牌，牌上的画面是一张病床，一位病人，正输液，小蜜蜂问韩梅梅看到了什么？韩梅梅说："他很孤独，他未必需要人陪伴，但需要人给他补充元气，输液瓶中的液体就是元气的象征。"

小蜜蜂分析了韩梅梅眼下的困境、心理诉求，让韩梅梅离开下午茶活动时，真的元气满满，仿佛被输液。小蜜蜂成了韩梅梅现实中的好朋友。

网名清香的绿茶的，是一位年长的姐姐，她总带着自己的小女儿来。

她主动介绍自己的情况，离异、单身、单亲妈妈，她在某房地产研究所工作，除了下午茶，如果大家有适合母女一起参加的活动也请叫她。

清香的绿茶还是一位徒步运动爱好者，在她的带领下，参加下午茶的诸位，有一部分又加入了本城著名的徒步群和徒步爱好者俱乐部。

在一次徒步活动中，韩梅梅和李雷定情了。清香的绿茶是第一个知情人，范妮事后笑说，是徒步算媒人呢？还是绿茶姐算媒人呢？还是我算媒人呢？

之后的下午茶超员了，开了三局。韩梅梅做东，在座的有来自各行各业的姐妹兄弟，对，还有兄弟。群越来越大，好朋友也越来越多。因为一个爱好走到一起，相对来说，关系简单、纯粹，不涉及太多交换和利益，而且身份也是想坦白就坦白，想隐藏就隐藏，互相只喊网名，倒也成就了一种半遮半掩的趣味。

范妮作为发起人，感触良多。当初她一个人从南方到北方，除了单位里的同事和左邻右舍，几乎谁都不认识。她建群，本来只想给自己在周末找个泡咖啡厅、聊天的伴，没想到竟成就了许多友情的、爱情的故事。而她也在这个城市，因朋友，因熟人，因人脉，在心里扎下了根。

特特说

用陌生人拓宽我们人生的疆域

一日，几个同行讨论业务，提到一个作家写什么、怎么写、写的材料从哪里来、最终能写成什么水平。其中一位说："阅读和经历就是我们写作的疆域。"

我深以为然。他表达的其实是关于直接经验和间接经验对我们的影响。两种经验值限制了一个人的想象、思考、具体事件的执行以及天花板。

那天，业务讨论结束，我在回去的路上，越咂摸越觉得这句话中"阅读"二字有深意。不只读书，读人也是读；而读人、读书及各种经历，又岂止影响的是写作。影响我们的还有对生活的看法，思想的深度，世界观、人生观、价值观的养成。

从这个角度看，只有熟人的社交是不健全的。

总和熟人交往，就像总读类似的书，甚至是同一本书，没有换血，没有淘汰，知识不能更新，心态也不能调整。因为熟人之间圈子太相似，工作、生活的内容重合率太高，眼界、见识有同样的瓶颈。

因此，除了解决一件事、一个问题，我们必须和某类陌生人交往。有时，我们要有意识、有选择地主动去找陌生人交谈，为滋养，也为拓宽。通过和陌生人的交往，我们可以跳出来，看一看和我们不一样的人有哪些快乐、悲伤，不同领域的他们有哪些最关心的话题，所属领域中，最新鲜、有趣的是什么；再从陌生人中选择气质相合、品行过硬的人成为新朋友，像更新手机软件一样，不断更新朋友圈，社交进步也会带来自身的进步——

"与君一席言，胜读十年书"，你总和最有趣、你最喜欢的人进行有质量的碰撞，你几乎每隔一段时间就能得到比读十年书还大的收获。

比如范妮的下午茶。

因为共同的爱好走到一起，哪怕就是爱吃个蛋糕，爱喝个咖啡。蛋糕、咖啡也能作为由头、作为交集，让陌生人之间有话题可聊。

除了交集之外的，就是每个人在这种陌生人社交中，可取可予的信息、资源，借机拓展自己疆域的种种。

海归女的心理游戏、单亲妈妈的故事、徒步运动、一周读一本书，或就一个话题的分享……

可以想象，如果只坐在格子间，朝九晚五，离开办公桌，就回到家，孵在沙发上做"土豆"，一集接一集地看电视剧，韩梅梅能感受到的生活的丰富层次，一定没有这么多。

类似的活动多了，她一会变得更成熟，因为见得多、听得多；二会变得更有活力。因为日子对她来说，并不是一成不变的，总有新鲜事发生，总有新鲜的人为她拓宽人生疆域——她之前抵达不了的地方，她凭空多了许多经验值。

当然，和陌生人交往，需要安全意识。我们在前面的文章中，已提供了几种方案。和陌生人聊天，也需要交谈技巧。韩梅梅的黄金问题值得参考。

还是那句话，祝你成功。

她们说

她们的黄金问题

孩子教育问题算是比较万能的话题，每个人都希望在这个问题上得到一定的认可和经验交流。

——山西文文

我的万能谈话方向是属相。

——李思思

我的黄金问题是：毕业了打算考研、出国还是工作？因为我是大学生，平时的圈子里也基本都是同龄人。有时候我记不清楚他们的专业兴趣，就问一下这个问题。或者会问他们将来从事哪个领域，倒推出其专业。

如果是参加了工作的人，也一样，直接可以问TA是从事哪个行业的？

如果是非正式的场合，或者关系基本破冰想要深入。对于我们这个年纪的人，我会问：你有没有男朋友女朋友了？然后聊聊男女朋友的话题。

　　一般来说，第一个问题如果对方的回答是准确的，那么就这个话题聊开就行了。但是，有时候会有人很不耐烦地说：还不知道呢。这时候一般我会立刻转移话题，先说一句：像你这么优秀／厉害／漂亮／……的人，不管将来选择哪条路，都会有所成就的。之类的话。

——奕冰

　　我万能的黄金话题：你想成为怎样的人？每个人都有想象中那个想成为的人，如果我们知道他们想成为怎样的人，感受到他们的人生目标以后，和他们一起带一点想象去勾勒未来的路程，我想他们一定愿意来一场彻夜的畅谈。

——红头发安妮

　　书圈的朋友就问看了什么书，美食圈的就问有啥好吃的，有宝宝的就问宝宝乖不乖？

——王唯静

　　这两天在人际关系尝试的动作有：1.更新星标朋友，定期查阅他们的朋友圈。2.决定一周扫两次票圈，为想链接的人点赞。3.将有重要关系的人的生日记录在案。下一次和这些人见面时，我的黄金问题就围绕我的这些考察聊天，或者直接送出祝福和礼物。

——行走的缘分

当对一个人的谈话，表示极大的兴趣，特别对于老人，你只要当一个认真的倾听者，给予反馈，这个时候他们就像滚滚长江东流水一样话匣子一下打开，那个时候作为倾听者也是无比享受。

——波仔

黄金谈话方向就是对方有话说的方向，最好还能借机帮助自己长知识，饭局上可以谈各自的家乡菜；各自家乡的风土人情。对于年龄长的前辈请他们分享人生经验，对方也很受用。女性可能喜欢服装亲子之类的话题。老人喜欢聊孩子孙子有出息之类的。

——Laura

万能的谈话方向：老人，老太太／老爷子最近怎样？儿女孙子可过得好吗？中年人，孩子的教育还是很重要的，谁没个叛逆期？同龄人，都说世界那么大想去走走，可终究不是。小朋友，小朋友，你最近在看什么动漫？最近有没有听过一个小公主和七个小矮人的故事？所有的人，都可以谈的话题是一个地方的习俗，比如北方和南方，谁都会有的聊的。

——我在时光深处等你

如果一个朋友拿的是苹果手机，就和他谈谈苹果的黑科技，刘海屏、虹膜识别，来撬开话题。如果拿的是华为，就和他聊聊华为的新功能，创始人的故事。黄金方向，就是已经有的事物，给他延伸出来，放大加宽。寻找新的问题见解。

——开到荼蘼

我的黄金谈话方向应该是旅行和户外，黄金问题就是请对方分享旅行经历，注意对方会根本停不下来。

——加菲翔

游戏、音乐、爱豆、书籍都是好的和别人沟通的话题，如果这几点他都不感兴趣，那我会觉得他也不是我感兴趣的人。

——梅子黄时雨

我爱好园艺，尤其是植物，多肉养护是我的黄金话题。

——新月

我和男生谈游戏，和女朋友谈护肤，和老年男性谈历史，和老年女性谈养生。我就是一个八面玲珑社交高手。

——心无猛虎，牛嚼牡丹

她们和陌生人

有一次，我在电梯间看自己的手机，一个陌生人对我说，你好，看你的朋友圈有很多人点赞啊！我说是，结果对方说，我也想给你点个赞，咱俩加个微信吧！我的第一反应是，他真的很会要联系方式啊！

——颖颖

对于陌生人，第一次见面如何让人舒服？

我们做销售，经常第一次就要面对客户，在第一次时我的第一步首先通过他朋友圈对他有个基础了解，如果他朋友圈不对外开放，说明这个人不想让外界知道他的私生活，那我们也不要过度去打扰。我们可以在微信首先与他初步接触，见面时找到他身上一个特别闪光点适度给予夸奖，然后放下所有紧张情绪，营造舒适的环境，也可以互相讲故事，这样大家交集更深！总结：在陌生人领域要快速走入对方，取得对方信任，前提是得找到共鸣！

——武帅

为了一件重要的事要与重要的人约定时间讲电话，我会打草稿，有时候会在心里鄙视一下自己，为什么好像没用的样子，这么紧张，为什么不能像别人一样侃侃而谈。现在我知道了，我这样真的很好，很认真，我应该喜欢这么认真的自己。

——燕子小姐

不是所有的陌生人都需要去花心思交谈的，有的人只需日常应付而已；清楚对方的重要性，清楚自己的目的，注意把握主题，注意控制时间；小技巧是有的需要事前搜集资料，选在自己熟悉的地方，高效安全。

——DQ

我喜欢和别人聊天，特别是每次打车的时候，我都会去和司机师傅聊不一样的话。

——夏

请问，如何得体的要别人的联系方式呢？如果说"我可以加一下您的微信吗？"算是得体的方式吗？虽然我一直是这样去做，也没有人拒绝过，但并不确定是否合适。

——Si_heaven

针对某个话题很感兴趣，当作钩子留下，在最后提出希望能深入交流与建相同爱好的群。相逢便是缘，再见时难别亦难，加个微信天涯若比邻。

——童心

Chapter 5
第 五 课

饭局管理：
如何利用饭局达成自己的目标

大家好，这堂课是女性社交管理的第五课，我们来探讨饭局的管理。

饭局需要管理吗？你也许会发出这样的疑问。饭局就是社交，更多的是应酬式社交。

怎样为饭局做减法，尽可能压缩应酬式社交对正常生活的影响？如何取得饭局中的主动权？

什么时候该有意识地增加饭局？

一些特殊的饭局该如何处理？

我们逐一讨论。

一、给饭局做减法

1.分类、筛选

设想一个场景——

每个周一，你坐在办公桌前列计划，你的计划里，包括本周要做的事儿，要见的人，要参加的饭局。

全部列完，我们就饭局分个类。

1.1 一定要去的饭局

包括——

你有重要业务、重要任务的饭局。

你在其中扮演一个角色，这角色哪怕不重要，但非你不可的饭局。

一些饭局，对于别人来说，你可有可无，但对你来说，存在意想不到的可能性，比如信息，比如资源的交换。

这些饭局必须去，用红笔把它们圈出来。

1.2 哪些是别人可以代替你去的饭局

即你需要知情，事情需要解决，对方需要招待，但你的肉身有可替代性。替代你的备选，你已经想好，是同等职位、同样身份的某某，你特别不想去时，可以推给他。

1.3 哪些可以用非饭局的方式解决的

即建个微信或QQ群讨论即可，发邮件、打电话往返几次即可，一杯咖啡的会晤即可，不用非吃一顿饭，非把人们从城市的东南西北揪出来都聚齐的。

1.4 多你一个不多，少你一个不少的局

你完全是凑数的，除非你想把时间全部填满，否则现在就删掉。

分完类，减法大体也随之做完了。去掉最没意思的；标注可以换人、换方式的；剩下必须去的，按优先级排序，在日历上重点标记。

2. 通过时间、地点，尽可能掌握社交的主动权

2.1 确定你不可变动的时间

你要很清楚你不可变动的时段，这时段，涉及到你对人生角色的取舍、衡量，即女儿、配偶、母亲、职业女性、朋友、自我等身份，各占你的时间比是多少？你有没有为它们留出一个特殊的、不能动摇的时段？

比如，一些节日，你必须和家人在一起，再重要的饭局，都要缓一缓。

比如，非周末的晚上九点半，你必须到家，因为要赶在孩子睡前给他讲一个故事，这是你为母亲身份留出的特定时段。在可控范围内，你的饭局都要避开晚上，或你提前离场。

再比如，每个周四晚你有一堂韩语课；每个周六下午你要去

健身，中午不能多吃……

在约饭局前，在周一列计划时，你就要把这些对你来说特殊的时段空出来，它们不可腾挪。

同时，像我们之前所说，你要训练你身边的人知道你能给他的时间额度。

让经常和你打交道、约你饭局的人清楚，起码理解你这不可变动的时段。

2.2 尽量把饭局安排在中午

你想处理问题，你想联络感情，你还想节省时间，尽可能减少应酬式社交带来的烦恼。

那就尽量把饭局安排在中午，因为你本来也要吃午饭，何不一举两得？

且午休时间是固定的，饭局时间也就变得可控，顶多从11点半到下午2点。同时，因为下午要上班，你可以滴酒不沾，而晚上，则难推脱些。

2.3 有你自己的社交据点、美食地图

什么意思？

就是，你在一个城市的东西南北，都要有熟悉、固定、性价比合适的地方和人见面，进行饭局。

比如，请外地朋友，你知道味道好的本地菜；请本地朋友，你知道最能代表你家乡风味，他们也能接受口味的饭馆。和南方人吃饭，你有备选项，和北方人吃饭，你也有。一对一的饭局，一对多的饭局，需要安静的还是热闹的，是不是有适合小朋友活动的……

你都能通过平时有意识地收藏、交换信息，建立属于自己的美食地图，将它们变成你的社交据点。

这样，在熟悉的地方约会，省时，你知道怎么去，也能指导别人怎么去。省力，心理上，因为熟悉，会成为你的主场。经济、得体，在分层维护社会关系时，好制定不同的预算。

通过做减法，通过时间、地点的安排。

我们将饭局控制次数——只去必须去的。

控制路程——就近，就你熟悉的地儿。

控制时间——避开你不可腾挪的时段，尽可能利用中午的时间。

其实，我们只是在做一件事，把社交的主动权掌握在自己手里。

二、在饭局中管理自己

现在，我们来探讨，在具体的饭局中，如何管理？

饭局一般分两种情况，一种是主动的，一种是被动的。先来讨论主动的。

1. 你是组局者

当你来组局时，要——

1.1 明确任务

今天，一定要在饭局上达到哪些目的。把合同签了是目的，纯粹的轻松愉快也是目的。

1.2 明确人物

根据社交任务制定邀请的人，谁出席？如果是私密的话题，比如，你要就某一件事亮出态度，道歉啊，递投名状啊，倾诉或安慰啊，建议你组一对一的饭局，顶多再加一个类似黏合剂、缓冲剂的人。

我们在社交管理课最初，就提到固定的事儿要和固定的朋友做。组多人饭局时，你要尽量将解决一类事情或同一个圈子、人生某个特殊时段共同度过的人组局，简而言之，一定要有交集，有共同点，待会儿才有话题。

1.3 明确禁忌

事前做好功课，哪些人有宿怨，不能同时出现在同一场所？哪些人，你请了一个，就不能不请其紧密小团体的其他人？

比如，你们是一个团队，团队里，加上你有七个人。你请其中五个小酌，漏掉的那一个，除非他自己拒绝，除非你刻意隐瞒，保密功夫还做得好，或摆明了他就是你的敌人，否则对方一旦知道，就会对你有意见。

此外，每个人的禁忌，从个人信仰、民族、籍贯、经历角度出发，你的心里都要有一本账。在点菜时，在闲聊时不去触碰。

一个人刚离婚，你在席间一直秀恩爱，在你的煽乎下，人们也秀，这无疑是在伤口上撒盐。作为主动组局的人，引导人们谈什么、不谈什么，也是你的社交任务。

宾主尽欢，具体的目的达成，才是大胜的组局。因此，组局前考虑清楚，出席饭局时，留五分钟做预案。对可能会出现的突发情况、解决办法，你的固定话题、能救场的几个段子，在脑海里过一遍。

2. 被动出席的饭局

你是被邀请方，或者，你是被要求出现的。在被动社交中，除了明确任务、人物、禁忌，做五分钟预案，更重要的是明确角色。

2.1 明确你的角色

太多书本、教程，教人在社交场合如何掌控住全场。如果你只是一个小角色，掌控住全场，喧宾夺主，其实是大忌，会成为笑话。

由角色出发，确定你的任务、行为。被邀请、要求出席时，你要搞清楚，今晚我是主宾呢，还是主陪？是大家捧着我呢？还是我今天要捧着人？我是要滔滔不绝，还是要保持沉默？

2.2 明确别人的角色

出席的都有哪些人？我该看谁的眼色，由谁引导谈话，为谁挡酒，要照顾谁，能向谁求助，送谁回家？

得体，合乎身份、角色的表现，才是成功的社交。

3. 特殊饭局及特殊状况的应对

3.1 特殊饭局：相亲

女性最常碰到的特殊饭局是相亲，这介乎在主动和被动社交之间。

几个小问题，要注意——

其一，约在什么时间？

一般来说，最适合相亲的是周三和周四晚上。此时，一周过半，人比较轻松、放松，而周三和周四也不太会加班。

如果谈得好，想进一步发展的话，你还有一两天的时间可以思考。有意，周末继续约，无意，也能较容易地找到理由打发对方。

其二，约在什么地方？

被动要求出席时听对方的。能掌握主动权时，利用你的社交据点、美食地图，尽可能约在两个人的中点，显得你为对方考虑。

约在光明磊落、人多、安全的地方。约在相对安静、独立的小空间，别吃火锅，会让你的妆花掉。

其三，谁来陪同？

最好无人陪同。理想的相亲，介绍人点到为止，即便出席、陪同，任务完成也该退出。切忌由闺蜜、父母陪同全场。

其四，记相亲日记。

见面穿什么、谈什么事先都要规划好，做调查，不用深入，但一定要有。

你最好有一张表格，当相亲对象有好几个时。把上一次见某人穿了什么，他爱吃什么，有什么忌讳，喜欢谈什么记下来，下一次衣服别重样，其他种种有针对性的准备。

3.2 特殊状况

其一，饭局遇到段子。

女性在饭局中，最常遇到的尴尬是听见黄色笑话，怎么做最得体？

你可以说一个更高级、更暧昧，风流而不下流的荤段子，符合气氛，但提升档次，前提是有你说话的份儿。如果没有合适的笑话，也没有说话的份儿，就一笑而过。认真，你就输了。过分的脸红，以及反应特别激烈地拂袖而去，都是不成熟的社交行为。

当然，很明显的调戏，另当别论。

其二，饭局遇到不胜酒力。

你不想喝酒，饭局中，却被灌酒，怎么办？

你有几个理由可以拿出来用——

生理期，不方便。

我准备生孩子，或者我在哺乳期，要喂奶。

酒精过敏。

但千万别太认真，把药、病历拿出来会扫兴。在你能掌握主动权的饭局中，屏蔽那些容易因酒忘形的人。

三、为饭局做加法

我们通过计划、安排，通过时间、地点的小心机，将应酬式社交饭局压缩到最低，提高了饭局社交的效率，是时候给自己一点奖励了。怎么奖？有减，就有加。

管理饭局，不是为了回家做宅女，戒掉社交，而是拥有更多可支配的时间。经过删减，你发现，一周的计划里，没什么一定要去的饭局；那就要为自己主动安排一个纯玩的局。一周你起码要出去一次。和谁去？你心里给了时间额度，但一直没有机会相聚的那些亲朋好友。能给你带来快乐、新奇、新鲜的人，熟人或陌生人。去干什么？去吃饭，去聚会，去聊天，去碰撞。

饭局只是个符号，它可能真的是饭，但更可能是一个沙龙，几个月的短期培训班，相约去看一场展览，有主题的会晤，一场说走就走的短期旅行。这些都是正常生活的放风，是你纪律性极强的自我管理后，用有质量的社交给自己犒劳。

好，我们这一课，饭局管理到此结束，祝你有加有减，拥有更多高质量、高效率社交，在人和人的交往中，尽可能可控。

好，这一课，你主要在学，如何在饭局中，化被动为主动。

三个秘诀——

1. 参加饭局，可以早走，但别晚来。重磅的信息八卦，多半在饭局开头就出现了，来晚了是损失。如果要早走，一定要提前请假，说明情况。

2. 把社交饭局安排在中午是个好方案。反正你也要吃饭，中午时间更可控，下午还要上班，也能避免被劝酒的尴尬。

3. 收藏几家有品质的餐厅、咖啡馆当作自己的社交据点。带外地人去吃本地菜，带本地人去吃自己的家乡菜，容易赢得众人喝彩。

一个小练习——思考一下，你近期能不能为一个特定目的，主动组一个局？

祝你有加有减，拥有更多高质量、高效率社交，在人和人的交往中，尽可能可控，也尽可能愉快。

下一课，我们来谈谈礼物管理。

案例 1

一顿饭、一圈年轮、一种仪式感

每年有两个最后一天，12 月 31 日和春节放假前的那一天。

熟悉曾丽丽的人都知道，她只参加一次尾牙饭，另一次，她要和她的好朋友沈澄度过。

沈澄是曾丽丽研究生时的师姐，两人有共同的经历。沈澄是学校保研的，在此之前，她在甘肃某特困县支教一年，曾丽丽呢？本科毕业后，在一家少儿培训机构待过，之后继续深造，碰到沈澄。

在学校时，沈澄就是曾丽丽的莫逆之交。说起她们的相识也极具时代特色，那时流行论坛发帖，曾丽丽在论坛发帖更新相亲实况，沈澄追曾丽丽的贴，直至见到活人。

每一次尾牙饭，两人都要把相识的梗拿出来一说再说。另一个总要拿出来说的梗是沈澄毕业前的最后一夜。沈澄早曾丽丽一年离校，她们常待的那个学校论坛专门为毕业生组了一个饭局，散伙饭上，大家都很开心，也都喝高了。

饭局罢，沈澄和曾丽丽微醺着、互相搀扶着，绕学校的林荫道走了一圈又一圈。最后，她们在体育馆门口的一块大石头上坐下来，酒意渐浓，又干脆躺下来。夏天的夜晚，有虫鸣，不远处的一勺池，传来蛙声，天仿佛压在胸口，星星逼迫面庞，不记得那晚沈澄和曾丽丽聊了什么，也不记得最终两人是哭了还是笑了。总之再醒来，天已经露鱼肚白，她俩的裙角都被露水打湿，两人齐齐说了一句，"哇！好浪漫！"

从那时起，沈澄和曾丽丽为纪念她们的成长、友谊及那个浪漫的夜、最后一夜，就约定每年的最后一晚，两人一定要吃一顿饭。

2004 年到 2018 年，她们坚持了十四年，所谓"最后一晚"，可能是 12 月 31 日，也可能是农历年放假前的最后一个工作日。无论如何，她们总在一个时间节点相会，聊一聊过去一年发生的事，看一看彼此的变化，每一年也都有照片为证。

沈澄在政府机关工作八年，而后下海经商。曾丽丽辗转几家公司。

主任科员、副处、正处、总经理；恋爱、结婚、生子，离婚、二婚、二胎。这是沈澄的生活轨迹。

做营销、做市场、做内容，带团队、再带一个团队、又带了更大的团队，晚婚、晚育。这是曾丽丽这些年的人生。

不知不觉，两人的尾牙饭已经成为彼此生命中的仪式感，总结过去，起航未来，对彼此人生的评委做个交代。尤其，两人在生活中都有受委屈、经历坎坷的时刻，本来觉得过不去了，怎么都想不开了，在"最后一晚"的饭局中，一个倾吐，一个倾听，无形中，就像被治愈了。

"原来你也不容易。"

"原来谁都不容易。"

两个同起点的同龄人，在对照中，都找到了平衡。

现在，沈澄因公赴美工作已经两年，去年，把家也搬了过去。"曾总，您今年还和您的闺蜜聚吗？"韩梅梅请示曾丽丽参加 12 月 31 日的还是农历年放假前的尾牙饭时，问了一句。"聚啊，我们约好了，一年她回国，一年我去美国。"曾丽丽说。

已经坚持十四年的特殊饭局，怎么会轻易结束呢？那不仅是一顿饭啊，还是年轮，还是仪式，还是放空，还是度假，还是给自己的礼物。

👍 案例2

买单记

过完年，韩梅梅开始带实习生了。实习生姓伍，单名一个星字，外号"角妹"，因为"五角星"嘛！

小姑娘勤奋、乖巧，生怕出错，见谁都喊老师，领导交代的任务一定完成，不但完成，还喜欢诚惶诚恐地再去求证，"您说我做得对吗？""您说我下次还有哪些地方可以进步？"

都打职场新人过来，同事们都理解角妹的小心翼翼。角妹也尽最大努力融入新环境，无论是公，还是私的饭局、沙龙、聚会，只要她知道，只要礼貌地告诉她一声，她都会去，哪怕心里不愿意。

她的不愿意是如何被看出来的呢？

业务饭局，她可去可不去，但是去了，去了也不停看手机。韩梅梅不好直接提醒她精神在线，而是点了她一下，"小伍，你等电话？"

角妹放下手机，怪不好意思地说："噢，不不不，韩老师，我看几点了，我住得很远，要和人拼车，怕待会儿拼车的人不等我。"

"那你可以早说啊，今天的饭局，你也可以不参加的。"韩梅梅悄悄对角妹说。

"那不好吧，领导会生气的。"角妹强迫症似的又拿起手机，想起什么，赶紧又放下，拿起、放下，放下、拿起……韩梅梅看她如坐针毡的样子，都为她着急。

再说同事聚会吧。

王玲玲过生日，张莎莎和方乐乐结婚，曾丽丽履新做韩梅梅他们的直属领导，请大家吃的第一顿饭，韩梅梅新房的暖房活动，等等。确实通知了角妹，但主角不是她，配角也不能算有她，她顶多算电影中一滚而过的演职员名单中的一员，可她都勉为其难地参加了。勉为其难表现在时间上，她一定要早走，因为住得远；表现在态度上，一定有心不在焉的表情浮现在脸上，被人提醒，马上如弹簧般惊起，连声道歉，"噢，对不起，对不起！"

最可气的是唱歌，人人都在唱，不乏麦霸，但角妹就愿意当壁花，问她，她面露难色，"我从小就不唱歌的。"

几次之后，老同事们不禁窃窃私语，"角妹这样跟坐牢似的，和我们一起吃饭、组局，何必呢？何苦呢？"甚至有人说，"角妹功利心太强了吧，明显不喜欢我们，为了能实习后留下来，仍在敷衍我们。"

对角妹意见的集中爆发，发生在买单事件时。那是角妹三个月实习工资结算之后，她请办公室所有领导和同事的客。

菜不错，环境不错。
除了曾丽丽每周二和周四一定要送女儿去上舞蹈课，不能来，大家都在，聊得很开心，也很放松。

角妹话是这么说的："各位老师，我来了三个月，特别感谢大家对我的照顾。"

话说的没问题吧！下面这句，大家就僵住了。

角妹继续，"三个月来，参加了各位老师组织的各种局，我一个学生，没多少钱，一直想回请，今天终于发工资了，感觉可以还人情债了。我住得远，要拼车，拼车的人待会儿不等我了，你们好好吃，我先走了，我已经买过单了。"

"这是还人情债吗？这就是还债啊！"王玲玲率先不高兴。
"我缺一口饭吗？"张莎莎冷笑一声。
"这个小姑娘啊……"绰号"孙大叔"的一位男同事摇摇头。
"没想到她比我刚上班时还笨。"连好脾气的李琪琪都生气了。

第二天，韩梅梅给角妹写实习总结。总结中，她夸角妹，勤奋、执行力强、本分，但实习的结果是，本部门不考虑留用，推荐别的部门考察。
角妹情绪激动地找韩梅梅理论，韩梅梅拿昨晚的买单为例，"你不适合市场部，这种以和人打交道为主要内容的工作。"

"我怎么了？我不是主动买单了吗？我知道你来我往，我一拿到工资就请大家吃饭了啊！"

"是的。可是，你花了钱，付出精力，包括点菜我也看出了你的用心，但你照顾到别人的心情了吗？你出席的饭局，人人都看出你的不乐意，你组织的饭局，你最先走，还撂下那样的话，不是花了钱就等于完成任务了。你忘记了这件事的初衷和目的，几乎是最失败的参与和组织者。"韩梅梅不忍心地点破。

👍 特特说

饭否？

中国人是真爱吃饭。所以《舌尖上的中国》大热，各式类似的节目在高铁、飞机上循环播放，观众们仍津津有味，百看不厌。

中国人也爱在饭局上说事儿。沟通感情、谈业务、拉近关系，仿佛酒杯一端，包厢门一关，什么都好说；米饭一添，筷子在本是同根生的菜里一夹，无形间，就是一家人，真的本是同根生了。

饭局好不好？没有意义的饭局自然不好。

但本着或者高兴，或者推进的原则，能办成事的，能推动进程的，能开怀一笑的，能抚慰心灵的，就是好的饭局，有意义的饭局。

先说曾丽丽每年最后一晚的饭局吧。我们可以想象，她在参加这场饭局前，她为之精心化的妆，为之做的心理准备，待会儿要说什么、要如何陈述过去一年发生什么的腹稿，都已经成为她对逝去岁月的一种交代，是一份特殊的年终总结。

而她未能参加角妹组织的饭局，原因是周二和周四一定要送女儿上舞蹈课。可见，她平时对时间的安排也是紧凑的，对饭局的管理已经到了她不能动的时间深入人心的地步。

与曾丽丽完全相反的是角妹。作为实习生，作为职场新人，我们在角妹身上有种似曾相识的笨拙感，这多像我们自己，或者曾经身边的同学、同事。

因为就业压力大，不得不做一些自己不想做的事，包括人际交往。因为经验少，做了也不讨好，做多反而错多。

角妹最大的问题是，出力不讨好。她参加饭局，付出了精力，但也被所有人看出不痛快，精力白付出了。

她组织饭局，第一错，最大的上司每周二、周四都有固定安排，她竟然不打听、不留心，偏偏挑这个时段；第二错，说出"还债论"，哪怕用的是"人情债"几个字，也让闻者心生厌恶，还情不是我来买单就可以的事儿。

再有，角妹离开饭局的理由。如果说家远，如果说要拼车，她就应该在第一次饭局时亮出，相信大多数人还是善良的。一般来说，大家都不会在晚归问题上为难一个单身女青年，也负不起这个责。第一次没有拒绝，没有立规矩，大概几点我要离开，而是一而再，再而三，用脸色，用小动作说明自己的困难，就给参加饭局的人，尤其是组织饭局的人带来很不舒服的感觉。换句话说，"来都来了"，又何必给人添堵呢？

角妹日后可能会成长为韩梅梅，如韩梅梅会成长为曾丽丽一样，技巧这种事有样学样，自然能学会。关键是，在吃一堑的过程中，她真的能长一智吗？

她们说

她们的饭局

如果有些在利益上对自己有帮助的人组的局，他再三劝喝酒，或者对方就明摆着希望你帮着陪对于他很重要的人喝酒，这种情况怎么办呢？不喝扫兴而且关系也会远，喝了一次，以后就都会被要求喝。

——桐宝贝

饭局挑选饭菜是一门学问，挑的好也不一定大家都喜欢吃，挑的不好就是做了好人并没有让人记住。比较好的方法就是让在座的每一个人都挑选一道菜，自己选择的我们尝试的时候也能给予足够的赞美。饭局气氛考验一个人的情商，根据每个人的不同讲不同的话题，还能引起大家的共鸣，这才是核心，而不是所谓的只取一人开心。喝酒不要过度，你不知道你醉后能做出什么让人惊讶的事，就算你事后后悔也来不及，所以喝酒要适度。饭局管理要照顾方方面面，极度考验一个管理者的眼力劲儿。

——owson

作为一个害羞的女孩子，在无聊的饭局上，我就容易局促难安，全场假笑 girl，不停上厕所分散注意力。看来自己要在平常多注意积累生活经验，多学会表达。并且在纯粹是聊天的局上放松自己，Take it easy.

——群青

我的科室领导特别喜欢把我们科室的人召集起来组饭局。科室中有个别人比较会拍领导马屁，领导自己能在饭局中心满意足，可是作为我，总去这种饭局觉得特别累，也无法拒绝这种饭局。领导心眼小，不去这种饭局，他会事后给你穿小鞋，说没有集体观念，后面的工作他也会为难你，科室大多数人都为此有苦难言。每次吃饭聊天就必喝酒，会折腾到很晚，我找理由不喝酒，就陪着吃饭。领导喜欢大家都围着他，恭维他。这方面，我不太会恭维，感觉违心的话说出来自己听着都假，就不怎么多说，算是比较默默无闻。对于这种饭局，我深感心力交瘁，极其反感。

——喵喵

清明节，我组局去百里峡，两家人自驾游。另一家是一个要好的合作伙伴，为我单位提供技术支持。很开心，这样的饭局，是我喜欢的。

——济南桃子

感觉有目的的饭局都会让人不爽，除了感恩的饭局。我一般都会推辞无谓的饭局，但我有时间会请回那些请过我的人。饭局有时很重要，可以联络大家的感情，但饭局又是那么的不重要，浪费太多的时间。

——夏之明朗

饭局的诱惑。一是判断自己的身份。可有可无，线上解决，他人代替的如果能推掉最好。二是主动的饭局可以利用中午时间谈事情拉进感情。三是要有自己的美食地图。外地人请吃本地菜，本地人请吃家乡菜、特色菜。这就要平时留心。四是控制酒量。调节好心理状态，不要靠拼酒显示能力，不要靠满杯表达感情。心底里的平和最重要。五是组好局。考虑到方方面面，还有不小的差距慢慢练习。说到底还是组人。因事聚人，因乐聚人，因情聚人。把人放在心里，胜过巧言。

——Williams

Chapter 6
第 六 课

礼物管理:
怎么运用礼物让你的社交更顺遂

大家好，这里是女性社交管理课的第六课，礼物管理。

你想通过礼物达到什么目的？

什么样的礼物是好礼物？

如何打造属于你的个性化礼物？

关于礼物的时机和心机，你了解吗？

我们在这一课中逐一探讨。

一、礼物的目的

先回答我一个问题——

日常生活中，你为什么要送礼？根据调查，答案通常有以下几种。

1. 维护

维护关系，亲人、友人、爱人、一部分熟人，是你长期需要维护的对象。他们心中的你形象也值得维护。

在合适的日子送恰当的礼物是维护的最佳手段，没有之一。

2.表达

表达谢意，表达喜欢，表达惦记。重要的是你痛快，可能什么都不为，就想抒发情感，"我就想给你打件毛衣""我看见那件披肩就觉得配你，想买给你"等等。

3.代酬劳

对方帮了你忙，或起到了推动作用，你不好将对方的工作量直接货币化，就用礼物表示。

二、好礼物的特性

基于以上目的，我们来分析，好礼物应有什么特性？实用性、纪念性、个性。 起码满足其一。

实用：即收礼的人觉得你的礼物是他恰好需要的。

纪念：让对方眼前一亮，那一刻值得铭记，或礼物本身也就是用来铭记某一时刻。

个性：具有你个人色彩的，非你送不出的，不会泯然于众人。

还要等价、等距离。等价，你送出的礼物与你想表达的、代酬劳的、欲维护的在你心中默默给的标价相符。等距离，对于收礼的人，除了衡量与之相配的礼物价值，还要考量亲疏关系、个体需要。如情趣内衣，适合送体己闺蜜，但不适合送给你的女上司，哪怕你想拉近和她的关系。如钱包，不适合送给关系较远的男性；卡包、名片夹则所向披靡。

三、礼物的心机

这样的礼物，如何打造呢？

1. 建立你的礼物收藏夹

日子很忙，你也很累，学会建立礼物收藏夹，就少劳而多逸。

礼物收藏夹的第一部分，也是最重要的一部分——

1.1 拳头礼物：你最有发言权的物件儿

你是一名专业人士，在你专业领域，适用于普通人的单品，拿过来做你的拳头礼物。

皮肤科医生自留的面膜，时尚博主送的耳环，茶馆老板选的茶叶……均在此列。你虽然不是从业者，但对一类事有研究，与之相关的物品，你比一般人有发言权，也拿过来。

举个例子。你是白领，总是伏案，颈椎、腰椎不好。你经常出差，高铁、飞机，一久坐就疼痛。疼痛在你怀孕时，曾达到顶峰，那时，你躺着、歪着，都不能缓解。

你日常最需要的是一个好枕头，不止一个枕头。睡觉用的、旅行用的、靠着用的腰枕，孕期用的孕妇枕……为了找一个好枕头，你考量了诸多电商平台、微商卖家、实体店。你买过许多枕头。从材质到形状到用途到品牌到产地到人生各阶段所需，枕头这件事，你做足功课，研究透彻，不经意间成为这方面的专家。

于是，枕头除了满足你的需要，还可以成为你的社交利器、拳头礼物。

送普通女性，真丝枕套的枕头，能防止皱纹出现。

送孕妇，结实有力的侧卧枕，像一个怀抱。

送同龄人，你用过最好的颈椎枕，一般来说不会出错。

如果你有足够的时间，你还可以自己装枕头，用荞麦、决明子或蚕沙，这样的枕头，送给老人，多孝顺的孩子啊……实用、有纪念意义、个性、经常用到。你对它的高中低档了然于心，也就能合适地发送给不同层次的收礼人。我们姑且将这称之为"枕头社交"。

搜索、排查下，你曾在哪些事上下过功夫，仔细研究过？最有发言权？其中，哪些适合做你的拳头礼物，完成你的社交？

你的礼物收藏夹中还可以列入——

1.2 通过经验：你最被认可的礼物

即你曾送出的礼物，经过测试，得到过好口碑的。

1.3 通过体验：你最认可的礼物

你收过、见过的礼物中，觉得最贴心的。

以上两种按实际情况分下类，等你送礼时，复制、粘贴即可。

1.4 通过标记：经重点提示的礼物

一些人，你不用费心思，别费错心思，他们会直接告诉你，想要什么，记下来，可以承受，就满足他。

这些做重点标记的人，是你最重要的五个人，近期重点维护的人，投其所好，你最需要投的好，是他们的好。

2. 请留心，请注意

以下几项，对你建立礼物收藏夹有帮助。请留心——

（1）生活用品中的轻奢品。它们或者价格、质量轻奢，或者你的独特体验为它们背书、加分。

（2）大品牌中的小件。尤其是多一个不多，少一个不少的百搭配件，如丝巾。

（3）网红单品。或者是近期热议、刷屏的，如当年成一时话题的网红口红；或者是改进一点点，体验完全不同的新科技，如全景相机。

（4）能定时、重复出现的礼物。

电影中，令人感动的细节总是会出现多次。重复是加深印象，最终抵达刻骨铭心的有效途径。礼物也是，重复、隔一段时间就会出现，就会让受众形成习惯，形成依赖。

一些商家会刻意营销这类商品，如一款鲜花，付年费，每周一，收件人会收到花。你也可以着意策划你的私人定制，如某个品牌的手机，每次推出新品，你都会送给某个人，久而久之，就会变成固定时间，他的固定期待。这件单品将成为你们之间的秘密。

请注意——

（1）纪念性礼物与纪念事件的级别成正比。

重要事件的纪念性礼物，必须贵重，而花心思比贵重更贵重。正所谓，"钻石恒久远，一颗永流传"。用于流传的，用于铭记一个时段乃至一生的礼物不可轻慢。

（2）高出场率的礼物。

对方常会用的礼物，送起来最值，每次用都会复习一遍你的心意。

（3）美貌和内涵一样重要。

这当然不是只看脸的时代，但却是个先看脸的时代。即便是传统礼品，茶叶、酒、月饼、粽子等，包装精美的也比朴实无华的更讨人喜欢。

3. 形成你的礼包

以拳头礼物为核心，加上你的体验、经验、重点标记，形成你的礼物收藏夹。在具体事件中，再将礼物和社交对象，做连线题。

你曾集齐 24 个色号某种牌子的口红、不同香氛的香水，你尝过一种无须烹煮、开盖即食、方便好味的燕窝。送闺蜜可以启动。

你的孩子在某个年龄段，经过你精挑细选，独家认证的

TOP10绘本、动画、音乐。送宝宝妈启动。

有一种大米，五公斤装，比市价略高，是日用品中的奢侈品，刚好够一个成员简单的家庭一个月食用……你每月自己下单时，也给你的亲人们下单，虽天各一方，但一吃饭，你们全家就觉得天涯共此时。

同理，领带、瑞士军刀、围巾、钱包、墨镜、酒……你为不同年龄段的几位男性朋友认真挑选过，此后它们就进入你的礼品库，遇到类似情况，按"再来一单"轻松搞定。

那么，什么时候是送礼的好时机呢?

四、礼物的时机

1. 重大节日，不能缺席

别想着和民俗作战。在人人都送礼、收礼的日子，别玩别出心裁，故意忽视，可以提前，不能错后。

春节、中秋，走亲访友一定要带礼物，传统节日要合乎传统习惯。父亲节、母亲节，一份精心挑选的礼物是父母称道、炫耀一年的体面。情人节、教师节，一定要落俗套。

一句话：约定俗成的事儿，按约定的办。

2. 对于个体特殊的日子

比如，你们之间的纪念日。

3. 对方重大人生阶段的节点

生老病死，婚丧嫁娶，升学、住院、成人礼、乔迁之喜等等。

4. 重要的时间节点

你旅行归来，好久不见的聚会，交谈许久终于见光的第一次会面，都是派发随手礼的好时机。

5. 制造惊喜，随时可以

轻省的做法是"日历法"。即养成习惯，把重要社交对象的重大日子标注在你的日历上，每个季度或每个月，抽出一个时段，集中处理礼物问题，集中"再来一单"。面面俱全，礼貌周到；善待自己，善待他人。

打造属于你的拳头礼物系，用重复再重复，加深再加深的小心机，管理礼物，管理形象，管理人际关系，这是我们这一课想要和你分享的。

这一课，我们到这里。提醒你，想一招鲜吃遍天，就打造属于你的拳头礼物系。

想一想，你的职业范围内，最可能当作礼物送出的单品是什么？你花时间最多，最具发言权，本能反应，"这件事上，没人比我懂更多"的物品是什么？这就是你的拳头礼物。

来吧，今天的练习就是——列出你的拳头礼物们。

下一课，我们来谈谈，生活服务管理。

👍 案例 1

特殊的礼物：私人定制怀旧路线图

有朋自远方来，不亦乐乎？韩梅梅就有好朋友自老家来。

关于怎么招待，她想了很久，最后，决定送一份特殊的礼物给好友芳芳，那就是她的私人定制怀旧路线。

韩梅梅是受文姐的启发。几年前，她和文姐第一次见面，约在北京的紫竹院。虽说是初见，但她们已是好几年的网友，文姐笑眯眯告诉韩梅梅这一天的安排：紫竹院野餐，北海喝下午茶，景山公园看落日。

说实话，文姐说的这几个地方，韩梅梅都熟，但跟她走一趟，又别有感受。

比如，在紫竹院，文姐向韩梅梅介绍她每天晨跑的路线，哪块空地聚集着京剧票友，谁给她拉过胡琴。在长椅上小坐，眼前波光粼粼，文姐说起父亲猝然去世的旧事，"那段时间，我常一个人坐在这儿发呆、思考、哭……"

文姐曾是一家知名网站的金领，如今专职在家做电商。两人漫步北海，文姐向韩梅梅描述现在的生活，"花半天处理店里事务，然后就是逛公园、晒太阳、健身"。她们路过一处露天卡拉OK，正唱着《甜蜜蜜》的大爷向文姐打招呼，文姐应着，稍后对韩梅梅自嘲，"一个人时间花在哪里是看得见的。"

在落日余晖中，两人慢慢踱下景山，文姐说，今天由她定制的一日游是她心中最好的北京。韩梅梅想说：我也看到她展现出的最好、最私密的自己，她的过去和现在，日常及志趣。

不久，韩梅梅去合肥，表哥陆给她类似的款待。陆提议，带韩梅梅逛逛新合肥。于是，初秋的午后，在陆的带领下韩梅梅看到的是属于陆的小道，陆的城。从陆家出发，沿途陆一一对韩梅梅介绍。

"看，那是刚来合肥时，我实习的大楼！"

"结婚时，买的第一套房就在那家商城背后！"

陆还不时穿插对现实的种种见解，"二线城市更好'混'""买房、上学都比北上广好解决""有过机会，但我不想离开这里……"

陆特地绕远，为的是带韩梅梅去看几条她最喜欢的路。

一条路，他们一直在婆娑绿树中穿梭，陆欣然表示，"我去过很多地方，没有绿化比合肥好的。"

一条路，在陆的指点下，韩梅梅注意到车窗外的大朵白云。陆说："每天下班，在这个路口，一拐弯，前面一片空旷，能看到满天彩霞，这时，我就会觉得生活特别美好。"

陆最后把车停在一家宾馆内，神神秘秘，略带紧张地拉着韩梅梅，"走，里面有个湖……但要小心门卫把我们赶出去。"风吹湖水皱，陆提起某年某月就在这里，就像现在这么浓郁的桂花香中，她和谁谁谈过恋爱。末了，陆说了一句令韩梅梅耳熟的话，"我今天带你来的，是我心中最好的合肥。"

韩梅梅在北京南城的湖广会馆等芳芳时，想到文姐和表哥陆。

在此之前，芳芳发了一条短信问韩梅梅，"为什么你家在北城，约我在南城？"

韩梅梅告诉芳芳，事实上，凡是她觉得该好好招待的朋友，都会约在此地。饭馆一样，吃完饭的节目一样：看纪晓岚故居，逛琉璃厂，说菜市口的凶宅掌故，不知不觉，她也定制了一条私人路线。而这是她最喜欢的北京，刚来北京时，住过的地方。

在稍后的沿途解说中，韩梅梅眉飞色舞地向芳芳介绍，哪家的酱牛肉好吃，哪家的羊汤冬天是一株救命稻草。第一次见到"大千画廊"以为是"大4画廊"，听说三毛来过这条街，便每块砖都仔细踩过，意图脚印有重合的可能。

"这里一草一木都有你的痕迹啊。"芳芳点评，"看得出你很怀念那段时光。"

韩梅梅笑着说："你答对了，这是我待客的最高礼遇，是一份特殊的礼物。拿我心中最美好、最重要、最熟悉的路，用我最私密的记忆和心情招待来宾。"

案例2

玫瑰的袜

韩梅梅随曾丽丽出差，去了南方。回程时，曾丽丽的行李比韩梅梅多一个箱子——她受故交之托，带一箱水果给曾爸爸。

下出租车时，韩梅梅帮曾丽丽提了下箱子，问清缘由，笑说："北京什么都有，又何必让您带呢？"

"我原也想这么劝他，哪怕南方最名贵的水果，北京都有。"曾丽丽笑，"可又一想，千里送鹅毛，也许这是他想和我爸爸保持联系的一片心呢？"

去机场的路上，曾丽丽说起一件往事——曾爸爸刚进厂时，跟一位姓朱的师傅学徒。一同学徒的其他三人和爸爸互称师兄弟，日后，他们分别走向不同的工作岗位，但师徒关系、师兄弟的称呼一直未变。

朱师傅家在上海，不知为何在北京工作了一辈子。他的妻子、曾爸爸称为"师娘"的，一年来探亲两次，每次来都给徒弟们的孩子，包括曾丽丽带来大包的上海糖果。

20世纪90年代初，朱师傅突然故去，临去前只有四个昔日的徒弟在身边。朱师娘事后赶到泣不成声，一双儿女虽已成年，但人生地不熟，丧事也是徒弟们帮着操办的。

曾丽丽还记得，他们走后，曾爸爸和三个师叔在曾家客厅长吁短叹分糖果时的情景。他们叹息朱师傅的一辈子，回忆朱师娘对他们慈爱的种种。最后，他们约定以后每年都要给朱师娘寄咸货，以维系往日的情分。

一去七年，一年两次。天福号的酱肘子、稻香村的点心，总在春节前寄往上海；相应的，上海那边收到后也会发出糖果包。当然，包裹里都有信，交代近况，问候对方。

直至有一年，糖果包里的信，落款变成"爱蓉"——朱师傅的儿子。爱蓉写道，姆妈现在老了，有高血压，北方的点心、肘子不宜吃太多。至于我们，肘子一直不怎么爱，而点心苏州也是有稻香村的，还是不要寄了吧。

曾爸爸拿着信，念给三位师叔听，"以后，这一门就算断了"，不知谁说的，他们的脸上写着明显的失落。曾丽丽这才知道他们是把朱家看作亲戚的。

肘子、点心不再发出，糖果包也就无从签收。信渐远渐无，后来，朱师娘去世的消息也是几经辗转才传到曾爸爸和他的师兄弟这里。

又过了几年，曾丽丽和曾爸爸去上海，住在静安区一处宾馆。曾爸爸看着地图，研究当天去哪里、怎么去。他突然惊呼："嗨！这儿离朱师傅家还挺近的。"原来，他一直心存惦记。

曾丽丽说起这件往事，不胜唏嘘，又提起她老公的祖父，她也得喊"爷爷"的那位老先生的罗曼史。

据曾丽丽的老公口述，爷爷年轻时曾留学俄国，与当地的一个女孩相恋。女孩一度随爷爷回国，但家人集体反对且言辞激烈，女孩黯然离去。

此后每年，爷爷都会收到一个包裹。包裹里是夏冬的袜子各两双，还有一方手帕，边角处绣着一朵玫瑰花——女孩的名字正是"玫瑰"。

据说，爷爷每次收到包裹都会长叹一口气，郁郁寡欢一段时间，再慢慢恢复正常。

然而，稍后的年代，各种运动，生活多变，爷爷带着全家辗转各地，包裹便成了悬案。

"那究竟还有没有包裹，都谁收到，查无此人，退回了没？"韩梅梅不禁好奇地问。

曾丽丽带着些遗憾，"我老公说，爷爷至死也没回过故乡，但他始终带着那几十双袜子和一摞'玫瑰'手帕，仿佛他们仍保持着某种联系。"

曾丽丽指着手边多出来的箱子，说："我总想起爱蓉笔下，'我们不怎么爱''还是不要寄了'，我爸和几个师叔一脸的落寞。所以我内心是希望中国这边一直没给'玫瑰'消息，包裹哪怕被人扔了，也好过告诉'玫瑰'此路不通，此人消失。"

"是啊，有时候，给人寄东西、送东西，你拿不准对方是否需要，可你还是想寄、想送，仿佛一送一收，就是默认某种联系。"韩梅梅叹息。

"对，其实，俄国的袜子，爷爷从没穿过，尤其冬天的那种，中国的南方永远都用不上。'玫瑰'又何尝不知道呢？也许这就是她认为最特殊、最用心、最别致的礼物，用不上，目的也达到了。收礼的那个人永远不会忘记，永远都会珍惜。"

多出来的箱子在韩梅梅和曾丽丽手中轮换拎着，像拎着沉甸甸的心。

👍 特特说

关于礼物，宽以待人，严于律己

每到清明，我就忙起来。和我相熟的人都知道，我爱喝茶。于是，订茶叶、收茶叶、送茶叶，是我这段时间社交的重要任务。

我从皖南买茶，一位同学的邻居是我主要的货源。我还从我父亲插队的人家买茶，每次去拿茶叶就变成我的父母探访旧日、看望故人的一场周边游。

有老家在深山的前同事送我茶叶，他家有茶园，摘茶、炒茶、包装的人就是他的兄弟或侄子。

有同好的朋友，在别处收集到好茶，就会寄我一袋一同分享。去年的快递单上，朋友写了一句话，很浪漫，"江南无所有，聊寄一枝春"。

一般经过半个月到一个月的订、收、接受馈赠，这些茶到我手里，我再订一批茶叶筒，拆掉各种茶叶原有的包装，将它们塞进我的茶叶筒。

一个人肯定是喝不完的，我也没打算一个人喝完，我一般将四种颜色的茶叶筒编一组，比如，红色装猴魁，黑色装黄芽，黄色装毛峰，灰色装白茶。编完组后，每四筒发快递给我最亲密的一位朋友。

案例中"玫瑰"的袜子、韩梅梅的私人订制旅游路线和我四种颜色的茶叶及茶叶筒一样，都是最用心的礼物。

这一类礼物，用心要让人看得出来，否则你花了很大力气，却像撕掉标签的名牌，未被识别，礼物就明珠暗投了。

这一类礼物，也要送给知情识趣，确实有需要，又懂得你用心良苦的人。我就遇到过一位，告知我"家里送茶的人太多了，我不想要你的茶叶了"，说真的，我受到极大伤害。就像曾丽丽的爸爸，千里送肘子，送稻香村点心，对方不喜欢，继而拒绝一样。

还有一点，值得说说。那就是你送礼的时候，当然要尽心、用心、贴心，但尽量别对别人给你送的礼物寄希望太大。如果对方送不对，要么体谅，要么直接问询，不要瞎猜。

我所知的一个女孩和男朋友分手了，因为认识六七年，从来没有在生日这一天收到过男朋友的礼物，她觉得被冷落，不受重视。

许多年后，再遇见，提到最初的裂痕，由于从没收到过生日礼物，男朋友，不，此时的前男友非常委屈。他的理由是："我故意不在生日这天送礼，因为这天你收到的礼物太多了，不会记得我的，我就是要错过几天再送，显得我很特别。"

特别吗？真特别。特别的不是礼物，而是思维方式。

可世上就是有那么多人，和你的想法不一样，也没有错，就需要你在看到不满意的结果时，立马追问他的送礼心理，或许只是一个不懂送礼的人造成的误会呢。

👍 她们说

她们的礼物

目测 2018 年底最红的礼物是价值三千多元的最新款卷发棒吧。因为是新晋网红，我打算近期过生日的闺蜜，都送它。

——美美

我能想到的拳头礼物，就是知识礼物了。我平时喜欢在各个网络平台学习最前沿的知识，我的朋友们也都是终身学习的坚持者。所以每当我听到好的课程，都会发链接给我的朋友们，如果他们没有听过，我就直接付费为他们买下，这是知识红包吧。

——就是爱学习

我的拳头礼物是洗面皂，因为我会做。

——重庆水水

我的拳头礼物是，朋友生小孩的时候，送各种实用母婴用品。每一件都是自己孩子用过的，品质好货。

——Elly

我的拳头礼物是电动牙刷、杯子。会要求淘宝店家刻上收礼朋友的名字。

——李思思

我文言文功底不错，可以写诗，但是，实用性并不强，很多人看不懂。我还会弹吉他，我觉得，唱一首适合我们关系的歌曲，祝福，比较有新意，但是练习一首新歌，大概需要一周，耗时太久。这块，我很欠缺，我还得再有针对性地练习。

——原贺

我的拳头礼物是护手霜，好看的餐具，香薰精油，香水，热门零食，耳机。欧舒丹护手霜是最实用的又最拿的出手的，无论男女使用频率都可以很高，让生活变精致的礼物。

——傅微儿

我在游戏公司工作，我的拳头礼物是私人订制的 Q 版人物头像。

——毛毛

我的拳头礼物应该是手工品。例如今年为几个关系好的小姐妹，每人绣了一块丝帕当作毕业礼物，不过属于纪念性，专属感较强的物品，使用频率不高，花费的心思和时间也较多，属于亲近的人专属。

——楠木

近期，我送的最失败的礼物是把两年前买的一条 Gucci 的披肩（买回来之后从未用过的经典款）送给了一位朋友。因为包装袋没有了，我随便拿了一个干净的纸袋装好送去的，但我觉得朋友由于错以为不是什么值钱的东西连打都没打开看过，我该怎么提醒她呢？

——ins

收到最可怕的礼物是一座钟！

——爱情海

　　送给朋友、亲戚生宝宝的礼物，只送一种品质实用的玩具，已送出去十几份。不送衣服，衣服要挑材质、大小、男女、样式，耗精力还不一定让对方满意。而送玩具可以玩很久，孩子对玩具都是没有抵抗力的。

——晓芬

Chapter 7
第 七 课

**建立专家顾问团，
日常生活更有秩序**

大家好，这里是女性社交管理课的第七课——建立专家顾问团。

一个人，在一个环境游刃有余，产生归属感，很大一部分来自于她建立了自己的生活秩序。出现问题能随时解决；有需要去找谁；心里有数，心态笃定。大到打官司，对簿公堂；小到买棵青菜，哪里最新鲜，价钱最公道。

我们的衣食住行、婚丧嫁娶，升学、旅游，如果都有内行指点，卧底通风报信，除了方便、实惠，还会增强我们的安全感、办事效率。

这种秩序因我们的切身体验做背书，弥足珍贵。与人交换，或作为礼物赠予，既解决对方的实际困难，也会成为黏合剂、催化剂，加深友谊，达到社交目的。

这种秩序如何建立？需要你有意识地打造自己的专家顾问团。专业的事儿向专业人士咨询；生活有需，找固定供应商及时补给。

我们用一课的时间，专门讨论这个问题。

一、专家顾问团

1. 必备

一个成年人要有意识地经营自己的朋友圈，以下几类专业人士，要成为你朋友圈不可或缺的构成。

1.1 医生

你要有一个医生朋友。

健康是核心竞争力，有意识地结交一个专业医生做朋友，让他成为你的健康顾问。不是为了伤风感冒都麻烦他，而是为了他的存在提醒你，养成健康的生活习惯。

出现小问题，你可以咨询，出现大问题，他来提供参考、帮助。如身体有哪些症状，需要进行检查？在哪里检查，由他来告诉你不同医院的专长。

当你和你的家人需要做重大决定，尤其关乎生死的那些，许多例行公事的医生只敢让你做选择，而作为你朋友的医生则敢分析利弊，帮你定夺。少花冤枉钱，少走冤枉路。

1.2 律师

你还需要一个律师朋友，作为你的法律顾问。即便是平头百姓，法律风险也无处不在。

从女性的角度来说，婚前财产的公证、离婚财产的分割、婚内的继承，以及投资、买房、借钱、被借、签订各种合同，专业律师都会帮你规避掉许多风险。

当你做类似需要法律意见的事时，可以先和你的律师朋友聊聊，让他给你出谋划策，也许他对一件事的本能反应，就会找到一些漏洞，让你防患于未然。

当然，如果需要对方付出超越一顿饭、一通电话、点到为止的闲聊渗透出的信息，不是举手之劳的劳动，即便是朋友你也要付出相当的报酬，否则友谊无法继续。

1.3 金融专业人士

你需要一个学经济的或金融专业从业者，或对钱特别有概念，有眼光的人做朋友，把他当作你的理财顾问。

和钱有关的事儿，如何理财、做好风险管理，是不是置业的好时机，买哪种保险，你都可以向他请教。

甚至于，想省心又足够信任，他买哪只股票，你也可以跟投哪只，他在何处买房，你也在何处买房。

1.4 教师

如果你是一位母亲，一个教师或在教育系统工作的朋友，应成为你的必备，作为你的教育顾问。

从亲子沟通的方式、技巧，到孩子成长各阶段关于学校、辅导班、才艺培养的选择，情绪、交友的管理，成绩的提高，教师朋友都会给你启发，或实质性的帮助。

2. 个性化选择

除了以上几类专业人士，你的专家顾问团，还可以根据你关心的话题、兴趣爱好、具体需求来打造。有一个专职做人力资源甚至是猎头的朋友，是你跳槽时最优先去倾诉、讨教的伙伴。你的职业规划、如何谈加薪，创业初期，如何给下属制定考核标准，他都是你的秘密军师。

你有传播的需要。文案的写作，最近哪个热点可以跟，投放在哪些平台更适合，更容易引燃爆点。记者、主持人、广告从业者等在媒体工作的朋友，就是你的智囊团。

你常会出席正式社交场合，服装设计师、形象设计师朋友，能为你提供美容、化妆、服装等方面的专业意见，或者推荐合适的机构、同行为你服务。

你对自己敏感，对家人情绪的波澜也敏感，最好结交一个心理咨询师朋友。

你和政府机关打交道，要对政策进行正确的解读，公务员朋友是你的好帮手。

我们在之前的课中提到，朋友像书一样要一架一架分清，一类事和一类朋友去做，打造专家顾问团时，这一条应改成：一类事向一类朋友请教。

3. 打造专家顾问团的几点注意

3.1 去哪里找专家顾问团的成员

你一定会问，我从哪里能找到这么多专业人士，组建成我的专家顾问团？从你过去的社交圈中来。在你 150 个人的圈子里，你的亲人、友人、爱人、熟人中，有无你需要的专业人士？发掘他们的专业性；发现他们在某方面的天分、独特眼光；维护、培养和他们的关系。

从朋友的朋友中发展。当你从一个朋友口中听说他的一位密友，正是你需要的专业人士，你可以直接说，"介绍给我"。通过微信推送，通过饭局，通过事儿，把陌生人变成熟人变成友人。

从你处理具体问题时打交道的人中来。你打官司，会不会就此和律师结下深厚友谊？你去看病，一来二往是不是能和医生，在病情之外仍有交往，发生私谊？

你的孩子小学毕业了，但你和他的班主任在孩子毕业后很久，仍是闺蜜，和你孩子相关的问题，你所有亲戚、朋友孩子的问题，你还可以向她请教。

3.2 注意事项

专家顾问团成员应是你社交重点维护、发展的对象，但请注意：他们的存在是你的安全感，如电脑的防火墙是屏障，防止你在人生重要的问题上被骗、上当。他们的专业知识给予你的顾问意义大于提供具体行动来帮助的意义。

因此，能用钱解决的问题，不要用人情，小事儿不要动不动就麻烦熟人。一定要他们来提供帮助时，要付相应的酬劳，还必须是大事儿，否则，关系就长久不了，维护不住。

拿翻译举例。一通电话，你问几个要翻成英文的合同中几个关键词怎么措辞，不为过。但你甩过去一份几十页的中文合同，让翻译朋友今晚帮你翻成英文，并无费用，就是对对方的劳动不尊重。

3.3 让自己成为专业人士

此外，想要维护友谊，往大了说，想要成为人人珍惜、争相结交的朋友，我们自身也要努力做一个专业人士，别人专家顾问团的一员。有用、有趣，你起码要占一样。

二、固定供应商

除了专业人士组建的顾问团，建立、管理我们的生活秩序，还应有意识地发展固定供应商。你做头发总去找的发型师；试过艾灸最好的理疗师；你一买再买的淘宝店……这些和生活有关的，方方面面的事儿，通过你的智慧、借鉴、体验、收藏，你编织成一张网，在网中，衣食住行，你都有最方便、最快捷、性价比最高的选项。

因为长期合作，在买卖中，和你对接的具体的人，和你产生类似熟人、朋友的感情，这就是你的固定供应商。你照顾他们的生意，他们虽然是尽本分，但也照顾到了你的生活。你还可以将他们另做他用。即他们加上你的专家顾问团，能成为你社交管理中极为特殊的礼物，这也是我们这堂课，这个系列课，最后的彩蛋。

三、社交管理中的特殊礼物

设想一个场景——你刚到一个单位，满眼都是陌生人，如何和他们打成一片？让他们把你当作自己人？

A 领导的孩子明年小升初，如何择校？你在培训机构工作多年，你作为个人教育顾问的姑姑，可以介绍给 A 领导，一起吃个饭。

B 哥最近要搬家，他一个大男人粗枝大叶，你上次用的搬家公司，搬前拍照，搬完后，你进门，一切就像照片中一样全部复原，你惊为神作，现在你推荐给 B 哥，解决了他的大麻烦。

你和 C 姐一起做头发。

D 总腰椎间盘突出，你介绍你曾看过类似病的 E 医生给他。

而 E 医生，上周也请教过你一个你专业领域的问题。

有什么能比把自己的生活秩序赠送给别人，更为特殊、贴心、真诚的礼物呢？你送出去的是能解决实际问题的关系网啊。如果说固定供应商，是你送给社交对象的礼物，那么，在具体问题上，专家顾问团的成员能给的帮助，则是你送出的重磅礼物。

而当你照顾了固定供应商、专家顾问团成员专业领域的生意时，也等于送了他们一份礼物。这是与人方便，与你方便的事儿，你在你的网中游刃有余，高效、省力。

这一课，快结束了，送给你三个绝招——

第一，连续三次购买同一类物品的商家，留下它，作为你的固定供应商。

第二，公事公办之外，愿意和你谈私事的专业人士，留下他，这是他可能成为你朋友的信号，最终能成为你专家顾问团的一员。

第三，适时透露出你的专业性，会让你赢得更多朋友，因为人人都想拥有专家顾问团。

我留给你的练习题是——想一想，你在哪一方面能够成为别人的专家顾问团的一员？

好，至此，我们的女性社交管理课，即将进入尾声。在过去的七堂课里，我们探讨了社交的加和减，探讨了社交的主动和被动，我们希望建立一种生活秩序，这种秩序中，你高效，你温暖，你轻松，面面俱到，万事容易。

最后，总结一下，记住这六条社交建议，你的日子将清明有序——

1. 用三个数字，150、5、6，明确人际圈大概维持及重点管理的人数。

2．以"或者高兴，或者推进"为标准，衡量有效社交。不符合这两种标准的活动，大刀阔斧地砍，该退的群要退，该删的人要删。

3．有策略地更新朋友圈，用合乎你身份的头像、网名、签名档。它们就像你的衣服，不说话，但说了无数话。

4．有几样拿得出手，看得出动心思的拳头礼物，这是你的社交利器。

5．确定你不可动摇的时间段，任何人和事都不能打扰。训练周围的人理解，你对时间、精力的安排。

6．发现好东西，发现好地方，发现好卖家，发现好的话题，都要有意识地收藏，它们会成为你的社交据点、你的固定供应商，你的黄金谈话方向。

社交管理是人生管理的第一步。社交的加和减，就是人生的加和减。在社交中，化被动为主动，是取得人生控制权的一种体现。明确社交形象，就是勾勒理想中的你，渐渐逼近那个"你"。

祝你拥有良好的人际关系，祝你拥有主动开始，主动叫停的能力。祝你我通过智慧，通过管理，不迁就、不将就，有好朋友，也有好口碑。祝你成为那个想象中的你。

大浪淘尽，多少病友

几个月前，每天早上起来照镜子，对韩梅梅来说，都是一场磨难。

曾丽丽忽然外派，去美国建立分公司，临去前，她举荐本部门的事由韩梅梅承担，没多久韩梅梅就被正式任命，而她刚休完产假，小李雷天天在家嗷嗷待哺。一时间，工作、家庭，还有其他的，直接反映到心情、睡眠，最后，以韩梅梅满脸痘的形式呈现。

怎么形容呢？每次早上出门前，韩梅梅都要擦一层隔离霜，一层粉底液，一层 bb 霜，一层定妆粉，重点部位点上遮瑕膏，就这样，还是能看出深深浅浅、凹凸不平的痘痕。晚上回到家，她洗掉那些遮掩，脸就像考古挖掘的现场：痘们如地下兵团破土而出，兵马俑般立着、灰扑扑地杵在那里。

一天，她卸妆完，拍了一张照片给朋友看，对方马上开玩笑问她，"被李雷家暴了？"第二天，她醒来，李雷正歪着头，研究她的脸："梅梅，你太辛苦了，现在满脸看起来都是蚂蚁。"

韩梅梅可不能现在就当黄脸婆。她求医问药，在不同医院、美容院的诊台前，得到相似的意见："放轻松""你太紧张了""改掉那些让你不放松变憔悴的生活习惯"。谈何容易。且不说，日历上的小白空格，密密麻麻写满了计划。单说晚上睡觉吧，越焦虑越失眠越写在脸上；起床时，越遮掩，卸妆时越像恐怖片。

好几次，她对着镜子哭了。哭完，开始检讨这些年——

无辣不欢，嗜甜食，只爱重口味。

总觉得有宝藏在午夜开启，十二点前，困也不睡。

全年无休，身后像有人拿鞭子催，脚下像踩着风火轮。

踩风火轮去办公室、各种局、活动，还在缝隙中，拿出电脑、手机、平板电脑写写写。

多年来，她选择的生活方式让她得到快乐，但其中一些是不加思索、任性的，现在，脸，它代表的亚健康成为这种生活的代价，而结果是她因此不快乐。常达数月，每个周五上午，韩梅梅坐在医院的长椅上，等着叫号时，就要思考一遍人生。值得庆幸的是，她遇见一位好医生。

医生姓范，女儿比韩梅梅小几岁，皮肤却让韩梅梅羡慕得妒忌，真真是白里透红，粉嫩粉嫩。在韩医生的帮助下，她改变作息，改变生活习惯，按时吃药、护理，韩梅梅的脸得到有效改善。

按理说，求医期间，韩梅梅的业务会耽误。

但其实并没有。这些年来，她积攒的人脉和经验，以及超强的时间管理，让她保持着工作的正常开展。更让人，她自己都意想不到的是，这次长达半年、每周一次的就诊，还让她和一些工作对象、多年来少联系的故人们，发生了更强的联系。

原因？哈，韩梅梅有时会在网络空间写几句看病的事儿，她朋友圈里的人，通过她的只言片语，看到她关于皮肤的烦恼，关于皮肤的治疗，以及最后的好转。没想到，不管从压力，还是亚健康，或者就是皮肤本身的问题，都有那么多人有类似的痛苦，韩梅梅在征得范医生同意后，也将她的专家出诊时间、地点，甚至联系方式都和朋友、客户们分享。

客户一，不，现在是病友一，是一对双胞胎的妈妈，也是一家大型国企的中层。

她日常的节奏是：上班，下班，回家接着上班，不上班就出差。作为主妇，她曾赶最后一班飞机从上海回北京，凌晨三点进家门，第二天，家里还有老人做手术，不用说，她全程陪护，晚上在医院度过。这样的日子持续两年，她全身出现过敏症状，胳膊上都有蜕皮的痕迹。

"梅梅啊，我看你在朋友圈总晒你去医院看皮肤的状态。"

"对，你也有皮肤问题？"

"是啊，可以告诉我是哪位大夫，哪个医院吗？"

"没问题，要不，下周咱们一起去看病吧？"

"太好了！"

朋友二，也是病友二，是韩梅梅大学时的班长，就职于一家著名外企。

一段时间内，他忙于品牌推广，每天只能睡四个小时，有一阵，他完全不能接触灰尘，碰到任何有灰的东西，马上就会过敏。通过韩梅梅的介绍，他去范医生那儿就诊，范医生让他查过敏源，说他太累了，免疫力下降，查完，没奈何，他只能停职休息半年。

"梅梅，要不是你，我根本不会想去休息，到时候，也许不是皮肤问题了，是过劳，是猝死。"班长由衷地感激韩梅梅，班长停工的半年内，常组织大学同学聚会，大学时代的友情，竟然又重新拾起。

A 公司的最大头儿，外号霸道总裁的，一日主动在楼道里和韩梅梅打招呼。

"梅梅，你最近皮肤好多了！"

"谢谢孙总！"

"我女儿现在青春期，一脸痘，很影响心情，她很自卑，我和她妈妈也很烦恼，可不可以，帮帮我，给我女儿支支招儿，推荐一个好的医生呢？”

"当然，当然！"

之后，韩梅梅甚至组织了一个群，专门讨论皮肤，还号召由自己介绍去看范医生门诊的病友们专门和范医生吃了顿饭。

"范医生，您闺女以后有就业问题，只管来问我，我是做人力资源的。"

"范医生，您以后要出去旅游，可以来咨询我，我以前做导游的，现在还有朋友做旅行社。"

韩梅梅抚摸着如剥壳鸡蛋般的脸笑了。

愿每个人都能成为一些人在某方面的顾问。愿每个人的生活都有更专业的人来解决所有麻烦和问题。愿讨论问题如何解决成为我们交往的契机。愿问题最终能解决，愿因问题而集合的我们仍能保持一团和气。

👍 案例2

女人的美好时代

搬家时，韩梅梅发觉，这真是一个女人最美好的时代。

这句话有两重意思，从韩梅梅个人来说，有事业，有家庭，有相恋的爱人，有刚出生的宝宝，有朋友，有喜欢的团队，幸福生活刚刚起航。

从整个社会来说，生活前所未有的方便，男耕女织，那是过去，现在，你要么会耕，要么会织，反正得会一样，证明你的价值。剩下不会的，都可以交给社会分工，一个女人完全能够把自己及家人照顾得很好。

李雷笑话韩梅梅，搬家都有这么多感慨。能不感慨吗？韩梅梅用了曾丽丽推荐的、用过的搬家公司后，深深叹服于服务业的精细、人性化。

之前，面对家里满坑满谷的东西，光书加起来就有五千册的大阵仗，别说搬了，光想着收拾、打包就足以让头皮发麻。

又要带孩子，又要带团队，李雷和韩梅梅都不轻松，那么谁来收拾，谁来打包？两人开了一个小会，打算请年假回来专门干活时，曾丽丽的一通电话解决了问题。

曾丽丽是咨询韩梅梅其他事的，听韩梅梅报告了眼下头皮发麻的事后，说："你等着！"

韩梅梅收到的是一组数字，一个微信名片，名片名为"小明搬家"。曾丽丽电话又来了，"你明天拨打小明电话吧，是我接触过最好的搬家公司，我从中国搬到美国，一共打了四十大包，我没动一个指头，包括搬到之后。"

"为什么？"韩梅梅大奇。

"因为他们负责收拾、打包，负责运输，负责归位，花都负责浇好。"曾丽丽窃笑。

韩梅梅充满感激。

约好搬家时间，小明带队上门服务。天呐！他们竟然先拍照，然后一件一件家具、电器拆卸，用毛毯包起来，细致地捆好。书帮忙打包，花帮忙大盆换小盆……

而后，李雷抱着细软，韩梅梅抱着娃，就这么上了搬家公司的车，抵达新家。

进新家，小明再带领着师傅们按照片，一件一件装好、复原，书摆放到位，真的，花连水都浇好了，他们才告别。

一天之内，像乾坤大挪移般，旧家的一切都在新家复原了。

"神了！"韩梅梅躺在新家的床上，向曾丽丽汇报。

"神吧？"曾丽丽也很得意。

这家搬家公司，是那次从中到美的大迁徙中，曾丽丽在网上做了诸多功课，最终选定的。之后，几乎每一个遇到搬家大难的朋友，都接受过她的推荐，并因此推荐给其他的人，感激涕零。

"丽丽姐，你真是我的良师益友，你等于把你的生活秩序赠送给我。"韩梅梅由衷地说。

对，生活秩序，曾丽丽也这么形容她在美国的朋友，每年最后一晚要吃一顿饭的沈澄。

刚到美国时，人生地不熟，虽说招兵买马，很快建立了分公司，但曾丽丽总不能成天只和工作打交道，只和同事、客户来往吧。

是沈澄介绍的发型师，是沈澄常去的餐厅，是沈澄常逛的书店，沈澄带着进入的各种圈子，日益让曾丽丽充满活力的。

"我逐渐安顿下来，也安心了，因为发现，生活秩序被赠予了一部分，我重新建立了我的城。这就是最美好的时代，能独立，能互相帮扶，随时能开拓一片新局面。"曾丽丽在话筒那端笑，"什么时候来分公司？我带你见见我这边的朋友们。"

特特说

一根针 or 一枝春

我身边起码发生了三件相似的事儿，甲已知乙的联系方式，明知丙有需要找乙，且丙也确实来主动求助甲，询问乙的联系方式，但甲故意不给。最终结果，丙从别处打听到乙的联系方式，办成了事儿，从此，丙和甲面和心不和，或干脆绝交。

有为工作的。

一个编辑部，新编辑恳请老编辑告知某位设计师的电话。老编辑答："我也不是很清楚呢。"被拒绝后，新编辑专门去书店一本一本翻书，找到某本书封面后标识的设计师工作室名，上网搜索，去114查询，功夫不负有心人，三天后，新编辑和设计师接上头。设计师欣欣然，"噢，贵社啊，我知道，您的同事×××，我们之前接触过。"×××就是老编辑。

有为个人发展的。一个培训机会，需要自己申请。还以韩梅梅为例吧，如果曾丽丽参加过的培训，韩梅梅问曾丽丽是什么流程，找谁咨询，曾丽丽一句"不知道"，韩梅梅会怎么想？还能维持之前很好的友谊吗？

更奇突的是为生活本身便利的一例。两位一起合租的女孩，平时关系还不错，一日，甲女在乙大夫那儿做针灸减肥回到家，丙女说，最近看你很明显地瘦了，是做针灸减肥的原因吗？甲女表示"是"，然而，当丙女说，把给你做针灸的乙大夫的地址和电话给我下，得到的却是甲女的不回应。丙女感到奇怪，事后，才知道，甲女是不想丙女比她瘦……

说实话，从合租室友的角度来看，甲女是不错的选项，从不拖欠房租，该AA的AA，凡事也算有礼有让，但租约一满，丙女就另寻别的住处和室友了。

原因？"因为一根针"，丙女表示。就是一根针，看出甲女皮袍下的小。

大千世界，要比、要敌的人实在是太多了。何苦和眼面前的几个人为敌呢？

共享单车、共享充电宝、共享办公……共享应该成为一种思维，不仅是行政行为、商业行为。

我们在最后一课中，谈到了生活服务的管理。首先是对自己生活秩序的建立、管理，其次是与己方便，与人方便，推己及人的共享思维的推行——

如果你在一件事中获益、获利，在某种秩序中，感受到好和轻松，为什么不拿去和你喜欢的人一起共享呢？

我们可以想象，在针灸减肥中获利的甲女，将乙医生主动推荐给丙女，事情就不是一根针横在两人中间了，而变成了一枝春。

思想狭隘的人总想独占。而想聪明的人都愿意顺水推舟，用举手之劳成人之美。这是积德、善良的体现，又是花最小的代价，为自己积累好的社交形象，赢取更多朋友，加深友谊的方式。

何乐而不为？

👍 她们说

她们与专家

我是学金融的，我老公是搞教育的，我闺蜜是医生。这样看来我们都非常有用呀，真开心。现在要好好锻炼自己的专业技能，夫妻搭配所向披靡。

——猫柠

作为一名行政工作者，我的专业性在哪里？我也想扩展我的朋友圈。可是别人也没有什么事情要麻烦我。也许我本人对于别人来说，有趣不足，有用更不足了吧。

但我的朋友每逢要拟合同或者有合同要签时，都会来问问我的意见，毕竟我工作中接触最多的文字就是合同，也许我就是别人的合同顾问吧！

——小树

我是少儿英语口语行业从业者，包括自己也很喜欢英语，周围一些对英语感兴趣的人，都会找到我。现在，我更坚定了对专业知识地学习，只有足够专业，才能真正成为朋友的专家顾问团。

——Maria

我是一位从事内部审计的女性专家，我写过一本书《内部审计工作法》非常受欢迎，我周围的人有会计方面的问题，都会找我帮忙。

另外，我还有一项专利：我设计的"会计扑克牌"，可以一边玩扑克，一边学会计。这副扑克让我和全国的专业人士交朋友，也成为我的拳头礼物了。

——快乐阳光

作为一个经常被朋友动用的所谓专家，我真想说能花钱解决的问题，不要动用人情。

经常有小学或大学同学找我，让我帮他写一篇三千字的领导讲话，或让我帮他翻译一份十页的英文。零报酬。理由是：这些事情，我自己做得一周，你擅长，就是一俩小时的事。可怕的是，我们之间并不熟，我理解不了，他们怎么好意思开口。

在我看来，第一，我们的关系还没有到我可以免费为你服务两小时的地步；第二，我不好意思拒绝，帮了忙，然后，再也不想和这个人有任何关联。我理解不了的是,明明花200块找专业人士就能解决的事情,你来找一个关系并不熟的我,而且,我不帮你,就是我小气。难道,在他眼里,我们的友谊,连200都不值吗?冒着伤害友谊的风险,也不花钱,我十分不能理解。这么多年了,我一贯都是,能用钱解决,绝不麻烦朋友。实在要麻烦,一定要尽可能,提前备课,不耽误别人时间,并给予比市场价还高的回馈,还要提供情绪价值。如此,友情方可持续。

——肺腑之言

我是学播音主持的,深知这一行业专业重要,但交际圈更重要。我也愿意为亲朋好友提供这一行业报考及就业的咨询。嘿嘿,现在才知道,原来人人都可以作为别人的专家。

——乐意吉祥

原来生活社交也要专业化。生活固定供应商+幸福专家顾问团(医生、律师、金融、教育),主动用钱为专业买单,能用钱解决的问题不要欠人情。有用+有趣,才能成为别人的好朋友。我努力成为:国学养心和亲子教育方面的专家。成为别人的幸福专家顾问,是获得高品质友谊的前提。不会社交就不会生活,社交质量决定你生活的质量。生活的质量在于选择固定供应商和专家顾问团的质量。

——李文香

　　我曾经是一名室内设计师，在住方面还算有用，目前在家带2岁的娃，离开公司，感觉自己什么都不是，很恐慌，也越来越没自信，联系的人越来越少，除了几个异地的闺蜜。请教下老师，全职妈妈，不善交际，脱离职场，朋友不多，基本没有社交，曾经的老板同事，很多也是人走茶凉，想要让自己变得有用，这种情况怎么去开展社交了？我现在学英语，朋友圈打卡，刷存在感，有时候自己写写育儿或者读书笔记，现在，我忽然发现自己的用处了，朋友们想装修，可以找我问专业性的意见啊！

——W.Q

社交八问

第一问：职场新人怎么迈出第一步？

职场新人最重要的是先解决生存问题，再求发展，也就是先知道怎么活下来，再谋求怎么活得好。从社交管理的角度看，职场新人迈出第一步，我有以下建议：

首先，适应你的小环境。主要可以分解成下面四个问题：

一、刚到一个单位，你要迅速分辨出，应该听从谁的命令，服从谁的安排？

二、有事儿可以向谁请教？

三、你的小伙伴是谁？

四、谁对你有敌意，应该主动避让？

先来解决第一个小问题，听从谁的命令，服从谁的安排？我的意见是职场新人最该听你顶头上司的。

想在一个单位留给众人好印象，最关键是把手头的事儿先做好。让你扫地，你就扫干净；让你打印文件，你就打印清楚，看似简单的事儿，重复去做，每一次都做到 100 分，就能重复积累你靠谱、认真、给力的职场印象。

而你的顶头上司恰恰是给你布置任务、验收任务的人，你的形象需要通过他散布出去。反之，你的口碑会因为他的不满成正比的减弱，而他的不满也会在实际工作中带给你更多麻烦。

再来看第二个小问题：有事儿向谁请教呢？有两种人可以请教，顶头上司当然能请教。除此之外，部门里比你早进来的老同事也是备选，他或者是在你之前从事你现在岗位工作的人，或者是个愿意帮助新人的热心肠。人只要用心，就能迅速对号入座一个小集体里不同人的角色，那个最善良、最热心、做事最干练的，就应是你拜的师傅。

知道了听谁的安排和向谁请教，作为职场新人，你还得有几个小伙伴。我称之为职场发小。有三种人可以成为你的职场发小：一起被招聘进单位的新人，是你的小伙伴。无论是办理各种入职手续，还是应对各种新环境的不适，小伙伴都是和你最有共鸣的人。一起商量，一起吐槽，彼此鼓励，都是解压、共同进步的好方式。但切忌，别把最隐私的，无论个人的情绪，还是公事的秘密告诉他人，哪怕是亲密无间的小伙伴。

不是一起进来的，但和你年龄相近、职位相近的，也是你的小伙伴。甚至这些小伙伴中，有人就是你的半个师傅。除了一起进单位和年龄相仿的小伙伴，往外扩，大行业里其他单位，和你各方面相近的也可以做你的小伙伴。比如，你的同学正好成为你的同行，业务单位对接的人，或是用各种方式结识的相关行业人士。

关于行业前沿、资讯、资源，你们时时沟通有无，让他们成为你的外脑，也是你职业生涯继续的一种准备——也许，若干年后，你们在各自的单位都得到晋升，能独当一面，就可以强强联合开展合作。更有一种可能，他就是提供就业机会，之后来挖你的人。

认了领导，拜了师傅，结了伙伴的同时，一个小环境里，对你有敌意的人要注意规避。

人的敌意通常有两种，一，针对你个人的，有无缘无故的，也有有缘故的，我们不展开讨论。二，对整个世界都抱有坏心肠的。

与大多数人为善，是我们为人处世的宗旨，但无须讨好所有人，那个很明显对你有敌对情绪的，你要远离他。

以上，我们讨论的是，职场新人刚到一个新环境，如何从社交、从和人打交道的角度去适应。这些谈的都是怎么先让你活下来，接下来谈谈如何在职场活得好。

你要有职业规划，将职业生涯按短期、中期、长期分。用阶段性的目标清晰化，这目标用活生生的人来表示，就更现实可见，有激励性。

先来说短期目标人选。我建议就在你们单位选择一个近的目标，你目光可及的地方，你的老大、你非常优秀的同事、你隔壁部门的某人都可以。他的能力，他对家庭、事业的平衡，他高超的演讲技巧，他穿职业装的样子，都可以是你的目标短期。他就是你三五年后想成为的那个样子。

找到目标，你就去学习他、模仿他，千方百计地接近他，努力成为他的朋友、他的手下，尽可能得到他的滋养和点拨。

有了短期的目标，你还需要再选择一个远的目标。他是你想象中十年、二十年后的样子，甚至是你终生奋斗的职业目标。我们设想一个场景，你参加了一次高端行业培训，听到至今为止最振聋发聩的行业演讲，那个最吸引你、让你心潮澎湃的业内精英，人们口口相传，被当作传奇的行业标杆，你有没有见贤思齐，暗暗握紧拳头，"我也想成为那样的人"的想法？

对，他就是你的中长期目标。研究他的奋斗轨迹、教育背景、在哪些平台待过，研究是不是有一天，你也可以跳到他在的那些平台？从现在开始你需要做哪些事？你的履历还要加上哪些？

想一下，有一天你能和他平起平坐，共同探讨业务，谈这些年你对他的向往，继而努力亲近他的过程。这些都会激励你。当职业前景不太明朗时，你偶像的轨迹，就是你能看到的明天。

而无论目标的近远，除了观察目标们的成功、为什么成功外，你还要多看看他们是如何克服困难，解决矛盾的，这也会为你在职场遇到瓶颈和具体困难时提供方法。

总结一下，职场新人想迈好第一步，首先你要适应周围的小环境，听你直属领导的安排，找到合适的师傅，结识可以共同进步的小伙伴，避开对你有敌意的人；其次，你要以人为短期和中长期的职业目标，建议选择身边的人作为短期目标，选择"你想成为的人"作为长期目标。

第二问：职场新人如何处理和领导的关系？

职场新人需要处理的领导关系，分为三种。

先来说和直属领导的。

在具体工作中，直属领导是直接和你对接的人，他给你布置任务，也验收任务。执行直属领导的命令，是职场新人风险成本最小的行动。

职场新人，一开始都很难做成决策者，更多的是执行者的身份。你执行直属领导的命令，出现问题他可以承担。但是，如果你越级汇报，对直属领导表示不认同，领导的领导可不一定认可你。你自作主张改动命令，如果出错，很可能既丢掉了信任，还要一个人承担责任和损失。

所以，尽可能执行好直属领导的命令是立身之本。这样，你得到的最差的口碑可能会是"死忠"，但当你跳槽或调换部门时，"死忠"其实也不是一个坏词儿。

你看，《红楼梦》中的袭人，被人说服侍贾母的时候，心里只有一个贾母；后来成为宝玉的大丫鬟，心里眼里都只有一个宝玉。

这些在领导看来，难道不是可信任、最靠谱的下属的称职表现吗？

你会说，可我的直属领导确实在这里、那里有不对、不好、不着调的地方，我该怎么办？

遇到特别愚蠢的、特别为难你的、成为你绊脚石的上司，你当然可以选择离开，但注意要等到你羽翼丰满，自己长了本事，才能换林子飞。

这个时代，行业已经成为大单位，流动是必然。你有好口碑，有真本事，就能挑选平台，挑选师傅，挑选上司。

说完怎么处理和上司的关系，我们再来看，如何处理和上司的上司的关系。这里，有两个基本态度和一个切记，先来看两个基本态度：

一、不卑不亢，落落大方，别怯场，也别过分积极表现。不合时宜地表现，不但不能加分，还会减分。

二、全程精神在线。在具体的事上，你可以展现出在某方面的才华，比如开会时，大领导突然点你来演示 ppt，你要马上能接上话，这就需要你反应快。同时，对每一个可能露脸的机会做好准备。比如可能见到大领导的饭局、年会、团建，什么时候该说什么，我今天的角色是什么，该如何扮演好角色，会临时出现什么问题，这些都要先考虑好。不出错是基本目的，能留下好印象是更高目标。

知道了两个基本态度，再来看一个切记。就是不到万不得已，不要越级汇报。

不只是直属领导，其实，连领导的领导也大多不喜欢出现越级汇报这事儿。

人的精力有限，不同层级处理不同问题。直属领导能处理的，领导的领导一般来说，不愿意再花精力去解决。所以，越级汇报就是对领导的领导在时间和精力上的打扰。

我就曾听过某单位一把手对我抱怨，他是如何回复一位习惯性越级汇报的手下的："有问题，找你的直属领导，解决不了，让你的直属领导来找我。我解决不了，全单位开会，但是不要一出现问题就来找我。"

那什么情况是可以越级的呢，有两种情况。

一种是紧急情况。

直属领导不在，或者他在，但与你的意见完全不同，而你坚信你是对的，此时不汇报，就有可能造成难以挽回的损失。这种情况，我支持你去找大领导。

第二种情况是大领导暗示或明示你可以越级时。

也许他借你了解你部门的状态，也许，他赏识你，想给你一个单独汇报的机会，在测评，是在暗暗打量你，想升你的职。

除了这两种情况之外，都不要越级。

最后，我们再来说说和相关部门的领导如何处理关系呢？

大方向是，彬彬有礼是准则。尤其涉及具体业务必须对接的部门，得到他们的协助，处理好关系，才能完成好工作。更何况是对待他们的领导？

需要记住的是，重大问题上要有戒心，具体来说是保守秘密的戒心。当你所在的部门和相关部门处于竞争阶段时，不管面对他们的领导，还是和与你称得上小姐妹、小兄弟的同事在一起时，都要注意表面维持友好，重要问题和本部门的人统一口风，不在私谈中泄密。

如果，在整个单位，你也待了一段时间了。你发现某某部门的领导似乎更像你的偶像，更适合做你的领导，那该如何处理关系呢？我建议你主动示好，抓住机会，展示你的才干。你通过观察，知道你所向往的这位领导他最欣赏的才干是什么，然后可以投其所好。

还是以《红楼梦》为例。
怡红院，宝玉的下属小红颜值高、口齿伶俐、思路清晰、反应迅速、执行力强，但一直没有机会得到重用。她试图在怡红院得到晋升，但被麝月等强势的同事打压，根本没有出头之日。

当王熙凤，也就是隔壁部门的领导突然因为一件事托小红帮忙，她就及时抓住了机会。只是一次帮忙，一次事后的汇报工作，就充分展现了她所有的职场本领。而这些恰恰是王熙凤所欣赏的，小红就此完成了完美的跳槽。

通过这一课的学习，你也可以游刃有余地处理这三种关系了，不是吗？

总结一下，这次答疑我们讲了怎么处理和你直属领导、公司大领导以及隔壁部门领导的关系。和直属领导相处，你要做一个坚定不移的高效执行者；和公司大领导相处，不到万不得已，不要越级汇报；和相关部门领导相处，你要主动示好，抓住机会。

第三问：怎样发朋友圈合适？

关于怎么发朋友圈，我们来分四点谈。

一、如何设立目标人设。

二、如何呈现个人生活。

三、如何转发。

四、如何发图片。

下面我们就来分别说说。

为什么要把设立目标放在第一位呢？因为，无论是朋友圈，还是微博、论坛、QQ空间等公开的网络空间，其实这些都是你对大众开放的营销口。

我是个什么样的人？

我希望别人心中我什么样？

那些与我平时打交道有限，更多时间通过网络了解我、认识我的人，打开我的朋友圈，会如何看待我？

那些与我朝夕相处，自以为很了解我的人，通过朋友圈，能不能发现一个更美好的我？

想清楚这些，也就是我们在课程中所说的，为自己画个像，勾勒出你理想的人设。设立好目标，才能为目标制定具体的表现形式。

比如你希望通过朋友圈，让朋友们看到一个有内在的你。你起码得一周读一本书吧？而且还要巧妙地让朋友圈的人都知道吧！你转发各种新闻时，起码要有行业前沿类的、文化类的，而且还要有你独立的见解吧！

再比如你希望通过朋友圈，让领导、同事看到一个敬业、肯拼的你。深夜加班的灯光、周末各种培训班上的留影、关注的数据中的好数据，都可以晒一下。

这些都是你强有力的素材。日复一日，你的形象会和这些素材一起深入人心。而且如果你真的长时间这样做下去，就会形成习惯和本能。你会发现，你勾勒的理想人设，就会变成真的你。

哪怕，你就是希望通过朋友圈，让那个你暗恋的人慢慢注意到你，这也可以成为目标。展现你的个性，你的颜值，你的特长，你和他这样、那样的共同点……

知道了如何设立目标，我们再来谈，朋友圈如何呈现个人生活。

首先，你要做的是学会分组。

不是你的每一面都要给所有人看的，为避免不必要的麻烦，不同的形象可以分开展示。

其次，想一下，在分组可见的人中，我愿意展现的不同部分，都占多大比例？是百分之八十的工作呢，还是百分之二十的生活？或者相反？

再次，要确定，你展现出来的私生活是要给你加分的，让别人评价你时使用的形容词是褒义的。

幽默，而不是贫嘴。懂生活，而不是玩物丧志。热心，而不是烂好人。等等。

如果你平时是一个精明干练的女白领，在朋友圈周末晒你的爱猫。加分！因为会让你显得有趣，有爱心。但如果每一天朋友圈的主题都是猫，试问，对猫不感兴趣的人，和你还有交谈的兴趣吗？你的客户，只想和你谈公事，对你的私生活不感兴趣，看你满屏的猫，能相信你的专业性吗？

所以，展现个人个性化的生活，要先思考信息接收方的需求，别滥发朋友圈，给自己减分。

第三，我们来谈如何转发。

我们在之前提到，朋友圈更新有三个原则，不要秀智商下限，不要秀道德下限，不要秀情绪下限。

转发中，这三条更为重要。

因为原创能力有限的人，大多靠转发的信息传递学识、见识和见解。

"是中国人就转""吃什么能防癌"类似的帖子，一看就是骗局的，就别拿来考验你朋友圈的智商了。一些公认有问题的观点，比如近期被热烈讨论的某知名情感教主关于慰安妇的奇说，同意他们，就会显示出你的三观不正。

那应该转些什么？

转有价值的、有趣的、美好的，参与度高，但不是为了标新立异、哗众取宠的。

转象征你品味的。

转你最有发言权领域的。

可以像编一份有你个人强烈烙印的内参那样，选择转发。

让它们，成为你的代言。

还有一点，请记住，转发也要分组。针砭企业弊病的，除非你有强烈的目的，就是想给上司看，否则就屏蔽他，为保险，要把他周遭的人也屏蔽掉。上班时间，转发和工作无关的事儿，千万别让和你工作有关的人看见。

最后，我们谈谈图片怎么发。

图片包括头像。朋友圈的头像建议你不要更换得太频繁，隔一段时间换一下，是对你状态的无声解释。状态不仅是精神面貌的状态，还有生活状态及工作状态，以你愿意告诉众人的社交主形象为准。

比如，我最近出了本新书，我的头像和相册封面都会换成我抱着新书的样子。

比如，你最近新婚，婚礼上的照片，就是最好的头像。

还有一类，不只是女性，谁也逃不了自拍。如果在朋友圈发自拍图片，记住，要发能给你加分的图，要不就别上。另外，自拍的照片一定要像你。

那如果是发别人的图呢？首先要征得对方的同意，尤其是发孩子的照片的时候，尽量别发正面照，除非对方父母明确表示"可以"。发集体照，如果你P了自己，一定记得也要P别人。

最后提醒你，不要发争议性强或毫无新意的图。你发健身图片可以，不要发近乎半裸的健身图，男性也最好不。你泡咖啡馆的图片也不错，说真的，如果不能给咖啡杯、窗外的风景一个合理又新颖的解释，只是表现小资情调，其实已经过时了。

总结一下，我们说了怎么发朋友圈，包括设立目标人设，呈现个人生活，如何转发和如何发图片。朋友圈的更新，说到底是对你在现实生活中形象的补充，是彩蛋。你越用心，就越舒心；你越无心，就会莫名丢了形象分。

祝你成功。

第四问：办公室饭局，成为负担怎么办？

饭局是一种社交，但只是充分非必要条件。

什么意思？即，不是只有饭局这一种方式是社交手段，非它不可，而是在吃吃喝喝特别好使的中国社会，饭局的气氛相对轻松、融洽，更容易增进人和人之间的感情，拉近人和人之间的距离。

我们讨论一下，发生在办公室的饭局。

一种是就餐时间的拼饭；一种是私下里的聚会；一种是业务往来；还有一种，就是由主要人物发起的，介乎于公和私之间的，介乎于一定要参加和可以推却之间的活动。

前三种饭局可以不经思考，拼饭、聚会，完全凭心情和需要；业务往来一定要参加；但第四种，尤其由领导发起，领导是给你职场打分的人，参不参加，表现如何，就关乎到你的分数高低。

我们看这种饭局的目的是什么？更多的时候它的目的是增强团队的凝聚力。

我们看领导需要什么？领导需要通过你的参与度，来看你是否对他尊重、忠诚，还有和整个团队的默契。

如果这类饭局不是你的负担，没有造成过多对你精力、时间、个人习惯的困扰，参加一下真的无妨。让别人看看非工作场合的你，多一些接触和了解，回到具体工作中，配合度会更高，关系也会更好。

但如果构成负担，也别烦恼。不是只有这一种方式能增进与团队的感情，表达对领导的尊重。

你可以通过——

1. 只要出席的饭局，就要尽可能尽兴。

全程精神在线，哪怕不说话，也要在恰当时候点头、附和、微笑，表示你心在这里，没有不合作、不耐烦。别玩手机，来都来了，再带着脸色，委屈都白受了。

2. 不想说违心的话，就用动作来避免尴尬。

布菜、添酒、及时招呼服务员、临走时记得要停车券，照顾到饭局中每个人的特殊需要，熟知他们每个人的习惯。别人的巧言令色可以是一张牌，你的周到、细心、靠谱也可以是。甚至更容易让人联想到职场，之后，把需要这些特质的重要工作交给你。

3. 确定你不可动的时间和习惯，提前准备好脱身的理由。

如果你有很多不想参加的聚会，平时就要让你的时间很满，起码看起来很满。

你周三和周五必须要去参加行业培训，你每个周六要回邻市的老家看看……

提前打招呼，预热，学会训练周围的人，包括领导，知道你对时间的安排，就不会临时编不出理由。对于不想去的饭局，去吧不高兴，不去理由不过关。你提心吊胆，对方心里已经给你记账了。

习惯也是。你不想喝酒，要么索性吐一次，真的酒精过敏让人看看后果；要么就坚持，一次、两次，让人不满，三次以后，大家也都习惯了。

你不想晚归。可以技巧性地在朋友圈转发或饭局中直接谈论，最近网约车在夜晚挟持单身女性的各种惊悚新闻，没有人，包括领导能承担类似后果。

也可以以"坐邻居的顺风车""男朋友九点钟就会来接"为理由，在你可以控制的时间点早走。

4.学会主动买单、主动组局。

我们前面分析了，这类办公室饭局更多时候是要表达对领导的尊重，和愿意与团队合群的心。

如果你十次有九次不去，九次有八次迟到早退，还想表明好态度，那就主动买单吧，甚至于主动组一次局，向大家请罪。

总之，别让办公室饭局成为你的负担。我们可以有很多技巧，保证自己的时间、精力、习惯不被打扰，同时还能让周围的人，给我们打分的人，感觉到你是一个很忙、有很多事儿，但稍微有点空，还想和他一起吃饭的人。

当然，一个只靠饭局维系感情，表达尊重，把饭局视为必要条件的职场，就不是良性职场了。当这种负担，你的技巧不够用，理由也不够用时，就是时候离开了。

第五问: 职业女性如何通过朋友圈发布自己的权威性，又显得接地气呢？

现如今，我们能看到一个职场中人，在公事、职场之外，比较私人化的一面，除了他或她在办公室、职场领域有意无意泄漏出的生活细节，更多的就是通过网络空间。

通过网络空间，你可以释放给大家一些网络信号，即——

你几点下班？

下班后，你一般做什么？

你平时是什么样的人？

你的生活重心是什么？

你生活中最重要的是哪几个人？

你的兴趣？

你的这些审美？

我们以微信朋友圈为例。如果，你想树立权威，就要在朋友圈的更新中，树立起你职业范儿那一面的人设。你每天发朋友圈，起码要有一条和工作有关的内容。

如果是转发，最好有一些你专业性的点评，让人感觉，无论你在做什么，始终关注着行业前沿，而不只是家长里短、娱乐八卦、狗血新闻。你的观点就是你权威、专业的展现。

如果你不想让人觉得你只有工作，还想保持女性特质的一面，可以在周末或者其他工作日的非工作时间，表达出你的审美、你的家庭观念。

我们常说反差萌，一个人怎样让人觉得他有魅力？眼前一亮？就是出人意料，你某一刻的形象，和平时的人们对你预设的形象有一定反差。

如果你在职场，形象很硬，常有人说你不近人情，你想表现出些许柔和，想和一些人的距离拉近——

你可以在周末晒晒自己做的菜，不会做，总会吃，那就晒晒吃的，晒晒口味，晒晒你欣赏的美食。

或者是和家人的亲密，和宠物之间的你侬我侬，尽责的母亲，尽孝的女儿、儿媳，喜欢动物、对动物好的人，总不会留给别人坏印象。

甚至于有稳定感情、稳定家庭的人给人印象更好，觉得靠谱、幸福，容易产生信赖感。

发之前一定要想清楚，话题是不是可能造成互动？就像我一位朋友评价另一位朋友的，"你总得让我有可以点赞的理由吧！"

一个技巧，可以参考。职业女性如果把职场的自我管理及管理他人的一些方法带入到家庭中，会产生很多便利，这些也是值得晒的。造成的效果是，既显得你权威，又显得你有智慧，接地气。

比如，你用职场的时间管理，训练孩子做事有计划，规范的学习和娱乐，奖惩并施，有张有弛。

比如，你用在职场维护关系的手腕儿，管理婆媳关系，管理你和父母的关系，管理老人和保姆的关系，管理你和老公、闺密的关系。

一个注意事项，切切记住。无论是晒孩子，还是晒宠物，适可而止。

如果你想重要维护的是你的职场形象，给人以"做事的女人"这种印象，不要让晒生活的内容喧宾夺主。

试想一下，你是一个企业的高管，你朋友圈百分之八十的人都是你的客户、下属、同事和领导，打开你的朋友圈，每天四条全是你的爱猫。请问，大家是跟你谈工作呢还是谈猫呢？

第六问：熟人交往，如何确立边界感，又拥有好口碑？

中国是个熟人社会，按六度分隔空间理论，每两个毫无关系的人之间，顶多通过六个人就能建立联系。而在中国，尤其是二三线城市，可能通过两三个人，就能把对面这位完全陌生的人打听得一清二楚。

熟人社会，最大的矛盾是，相爱相杀。我们既依赖于一些人，每天和他们朝夕相处，又会被他们骚扰啊，熟人仗着熟，直接影响到我们的生活。可是熟人对我们口碑的传播，我们是什么样的人，又大多通过他。

于是，熟人社交就牵涉两个问题——

第一，怎样让他、让我都有边界感？

第二，如何保持距离，又能保持我的好口碑？

先说两个大家都熟悉的八卦，关于开玩笑。其实，即便很熟，熟人之间开玩笑仍然要有分寸。

以《红楼梦》为例。大观园里唱大戏，突然来了一个小戏子长得非常水灵，偏偏就有那么一个人说，这个戏子长得很像谁谁谁，众人都知道她指的是谁？但是偏偏只有很懵懂很天真的史湘云说像林黛玉，于是林黛玉很生气，后来才有贾宝玉去找林黛玉，哄她未遂这件事。史湘云跟林黛玉关系很好，林黛玉心里清楚她没有恶意，仍然免不了生气，因为当时戏子属于下九流，而林黛玉是千金小姐。

还是在《红楼梦》中，薛宝钗的意中人是贾宝玉，她的人生理想就是成为宝二奶奶，但当宝玉说宝姐姐像杨妃体丰怯热，薛宝钗马上就给以脸色和嘲讽，她说，我没有杨国忠那样的哥哥。

这也是贾宝玉熟人之间开玩笑失了分寸的表现。

中学时，我们都学过一篇课文《杨修之死》。曹操欣赏杨修的才华，却仍然被他激怒。为什么？因为，曹操收到一盒酥，没吃，只是在盒子上写了"一合酥"三个字，杨修看见了，马上告诉大家"一盒酥"就是"一人一口酥"啊，于是和大家分吃掉。曹操知道后，觉得杨修自作聪明，冒犯了他的权威，杨修最后被曹操处死，"一合酥"肯定是最初埋下祸根的导火索之一。

这些例子，无非告诉大家，熟人社交一定要有边界感。我们要对熟人有边界感的意识，别轻易触碰对方的底线。同时，也要训练我们的熟人，有边界感，别来打扰我们的生活。

今天，已婚女性遇到的最大问题是什么？婆媳矛盾。为什么会有婆媳矛盾？婆婆没有边界感，儿媳妇也没有边界感。婆婆觉得我可以做儿媳妇的主，而媳妇也太把婆婆当妈了，两方面一冲突，各自检讨都没有错啊，可矛盾就这么产生了。

如何训练熟人的边界感呢？首先，要有信念，你周围的人是可以按照你的节奏来和你打交道的。

其实，每两个人之间，包括父子、母女、夫妻、同事，包括闺密之间都有一场博弈。我不想压倒别人，但也不想别人压倒我，明确告诉对方这种观点的过程就是训练，先要坚信每个人都可以训练。

训练什么呢?

首先,训练熟人尊重你的时间。你要让人知道你哪些时间是不可碰的。比如,我晚上11点钟一定会关机,任何人不能打扰我睡觉。比如,星期三我的孩子放学很早,这是我固定要陪他去看一场电影的时间。这个人生角色对我非常重要,因此这个时间段,谁都别来打扰我,如果打扰我就拒绝。在同一问题上,干脆的拒绝超过两次,一般来说,就不会再有人主动来吃闭门羹。

你还要让人知道你的黄金时间是哪块儿? 尤其要训练最亲近的人。黄金时间,我们在前面的文章中已经说得很清楚,就是每个人一天当中心情最好、精神最饱满、最愿意处理某件事的时间。

如果我有起床气,我身边最亲近的几个人就应该知道我在7点钟起床,到8点钟出门之前,这一个小时,不要跟我说很重要的问题,这不是我的黄金时间。

除了个人的黄金时间,还要让熟人,知道我所处的工作环境、我做事的黄金时间。有公事,你可以这个时候来找我谈,但私事、对我工作无益的事儿,除非人命关天,请不要随便打我电话,不约而至,破门而入。

电视剧《我的前半生》中,一个细节是很成问题的。高管唐晶推开会议室的门,接自己的闺密关于婚姻中小三的电话。事实上,真正意义上的职业女性,从职业精神出发,都绝不会在开会时接与会议内容无关的私人电话。

而一个真正够格的闺密，应该知道朋友的黄金时间，不该在这时，拿一些不够职业的话题骚扰朋友，这也是唐晶的问题，她没有训练好身边的人。

如何训练？你要训练你的周围时间，通过重点提醒，通过你的拒绝，通过你有意无意的提示，以及我一以贯之，每一天每一段时间都要做什么，这是给别人的信号。

其次，精力。你要训练熟人知道，你的精力是有限的。

大部分人找我们帮忙，都是群消息似的发布；大部分的忙，十分之九别人能替代你干，只有十分之一是非你不可的。

你训练别人知道你的精力有限，只能做非你不可的十分之一，久而久之，真的只有那十分之一的事来找你。而你多做的，反而成了你忙中偷闲的馈赠，对方会感激涕零。

再次，习惯。我曾有个同事不吃香菇，吃了香菇就会吐，这就是她重点需要训练熟人对她的了解、她的习惯。如果经过重点提示，对方仍不尊重，点菜时，有意要专门为她点香菇，或桌上只有香菇，就是对她的恶意，可以屏蔽了。

最后，社交禁忌。想要让熟人有边界感，一定要让熟人，知道你的社交禁忌，哪些话题不能触碰，以及哪些事你不能做。

比如，我就是不想在同学聚会中，听到我前男友的消息；我就是不想在陪亲戚去游乐园的活动中，还要陪坐过山车。

我们小时候为什么容易跟父母关系很紧张？因为你想让你的母亲在某一件事上停止对你的批评，可你是无法控制你的母亲的。

现在，我们已经是成年人，虽然仍然没有控制别人的能力，但可以控制自己。让你不高兴的事儿，不想听的话，在顾及基本的礼貌、体面的情况下，可以用表现不满的各种方式，如表情，如语调，如用语言提示，或者直接选择离开，用脚投票。慢慢地，你会发现你的周围清净很多。

当然，人是群居动物，要在很多人的环境中生存，所以除了保持距离，还要保持好的人际关系，有一个好的口碑，怎么做呢？花心思观察、打探、思考你最重要的五个人，你近期重点要打交道的人，他们的黄金时间、社交禁忌、精力分配，以及关键时刻最需要你投放的关键动作。

关键动作一：对方求助于你，只有你才能办到的事儿，就是我们前面所说的"十分之一"。

关键动作二：对方特殊的人生阶段，需要你出现、出席、表态的场合和时间点。

关键动作三：你们之间，有特殊意义的仪式。

一个很有趣的案例，一个女友，她的婆婆信佛，于是，女友每一年的大年初一都要陪婆婆去寺庙上香。每年都是黑漆漆的凌晨，她们走很远的路上山，不用担心，虽是凌晨，山上爬满了人，可谓熙熙攘攘。每一年，女友都陪婆婆去抢头炷香，虽然没有一年抢到，但是这个仪式，成为维护她和婆婆之间的关键动作。

有一年，大年初一上完香，她和婆婆回到家，当地有种风俗，即便是成年人，即便已婚，父母还要给孩子封红包，这次，婆婆给她的红包，她一打开是一只祖传的祖母绿戒指。

我们是为钱吗？是拿钱衡量付出吗？不是，只是说，一个人的时间用在哪里是可以看得出来。这枚戒指，就是她维护婆媳关系，关键点用对了仪式感的关键动作，得到的即时反应和奖励。

训练熟人，也训练我们自己，尊重交往对象的时间、精力、习惯、禁忌，同时别忘了，再熟也要讲点仪式感。

第七问：逢年过节，要不要发短信？

每到新年或其他重要的节假日，群发短信总是会让网络暂时瘫痪下。但越来越多的人对收到的群发短信，漠视大于好感，一些人内心深处甚至更多涌现的是反感。

有人说，我觉得朋友群发祝福挺不走心的，反正换成是我，如果是关系特别好的朋友闺蜜等，我会回复一下，如果就是普通朋友，那就不会回复了。

有人说，我个人对群发祝福表示非常无感，首先发祝福的人就是图方便省事，群发祝福里包含多少真诚的关心可不好说，我觉得是很少的。很多人就是习惯在节日的时候群发，发出来的东西也千篇一律，并不能看到多少特殊感情。再者收到群发祝福的人，恐怕也都不能从公式化的祝福里感受到什么，可能这个举动最大的用处是提醒一下别人，你朋友圈里还有我的存在，我们是互相加了好友吧。

还有人说，群发批量的祝福短信还带上姓名的，我觉得特别没有诚意，也觉得发短信的人很功利，特别是关系很普通，几乎没联系的人。

那么，逢年过节的祝福短信怎么发？还要不要发？

我的建议是——

第一，有人特别讨厌群发的祝福短信，你给他发了，他也不会高兴，那就别发。这样的人既然重点提示过你，在朋友圈也流露出类似的意思，你发了，也自讨没趣，不会得到回应。

第二，如果你一定要发祝福短信或微信，不如发红包，哪怕只有 1.88 元、6.6 元、8.8 元，也比你复制、粘贴千人一面的短信更好。

第三，如果你不想发红包的话，怎么办呢？

你就发今年最有心意、最网红，或你觉得最有特色的拜年物件儿。比如，有一年春节很流行的大头娃娃海报，用每个人自己的照片生成，因为那是你的脸，所以有标记感，也很有趣，发出去时，虽然是群发，也会得到对方好的回应。

第四，最高级的祝福短信，一定是私人定制的，所谓原创的，有你个人痕迹的。如，你的领导，去年动了手术，你在祝福短信中，专门提到他要注意哪方面的健康。他在收到这个短信时，起码收到了你的关切之意。即便是复制短信，也一定要微调。

发给不同行的人，找那些代表你行业的短信；发给同行的人，找那些代表你家乡特色，或者其他有区分度，对他来说感到新鲜的短信。

说到底，人人都想特殊化，都想被认真对待，哪怕你只是在短信中加上对方的名字，哪怕你只是回顾一下你们之间极小极小的交集，也会让人觉得他或她在你生命中是不一样的。

只有一种情况的群发短信，是值得谅解非特殊化的。

我的一位男同学，与前女友分手三年，所有交集只在节日的群发短信中。连续发了三年，有一天，前女友出差路过他的城市，对他说："我们见一见吧。"这一见，就促成了他们最终结为连理。

这种群发短信被排除出常规动作之外，因为两位当事人都明白，短信只是一个由头，让彼此知道对方还在自己的通讯录中，还在自己的关系网中，还在心里，还在深深关怀着。

第八问：如何用社交标签，管理陌生人？

一个陌生人出现在我们的面前，最快判断他是不是合乎我们交友的原则，能不能继续交往，巧妙使用社交标签是一个捷径。

何为社交标签？

社交标签，就是我们心里的符号系统。即一个人出现在我面前，我通过本能，加上别人的介绍，综合起来，形成自己过滤筛选的方式，从而判断这个人是否值得交往。一个人靠谱是他的标签，不靠谱也是他的标签。你喜欢声音好听的人，那么，声音好听就是你独特的交友标签。

一位医生表示，对第一次见面的人，在她面前展现的动作幅度会很在意，她觉得人和人气场的契合是跟人的动作幅度有关。"过分热情、过分自来熟的人，一开始动作幅度很大，但之后变脸也很快。"医生对我说，"我选择的交往对象，一定要动作幅度和我同频。"

一位企业的领导对我说,他特别重视跟别人第一次握手。他对不够用力的人有一种浅浅的戒心,"尤其是来谈合作的人,他如果只拿指尖轻轻碰我的手,没有很用力握我的手,我的第一反应是,其实他并不太想和我合作。"

一位文化工作者告诉我,他没有办法跟一个对历史没有兴趣的人交往,哪怕私人交往中。一开始,他可能会迷恋对方的美貌,迷恋别人某项特殊的特长,比如跑步特别快,口才特别好。但是时间长了,他有一个警报系统,就是当我发现一个人把乐(yuè)府诗念成乐(lè)府诗的时候,他肯定对他关上大门。

动作幅度、握手的力度、文化修养,就是以上三位的社交标签。

就我而言,一个在我面前过分卑微的人,我对他会有极度的警惕心。有个成语叫不卑不亢,我的经验是一开始能把自己放得很低很低的人,他有多卑,日后翻脸就会有多快,就有多亢。所以不和姿态过低的人交往,不和过分殷勤的人交往,是我的社交标签。

为什么要找社交标签?

你的时间和精力以及机会都是成本，如果我们能通过社交标签自动过滤掉一些人，会让你在社交中更容易，也更开心。

如何找社交标签？

首先，也最关键的一步是尊重直觉，叔本华曾说过，相信你的本能，你的本能会比你的理智更理智。

一个成年人，你的直觉、本能其实已经涵盖了你过往的一些经验。

尊重你的本能，如果一个人一开始让你不舒服，事实上他就很难一直让你舒服。

有很多招聘的实例证明，一开始你就硬着头皮用的人，以后一定会一直硬着头皮用下去。一开始你就觉察到他精神状况不太对劲，情绪不太稳定，那祝你好运，希望在他发作之前，没有影响到你重要的事情。

找社交标签，还可以参考以下内容。有三种人不能交：

第一种人，一个人话没说完，对面的人就开始不停点头称是，不停点头的这位就不能交。因为这种人可能阿谀奉承成习惯，也可能敷衍成本能。

第二种人，所有人都在谈论一件事情，并且表示出欣欣然的样子的时候，有一个人在冷笑，这个冷笑的人不可交。因为这种人，标新立异，清高，不合群。

第三种人，是你在跟他说话，他忽而神往。这种人别人跟他说话时，他一直心不在焉，大概就是我们今天所说的，你认真聊天，而对方一直在玩手机吧。

社交标签看起来很高深，其实说普通点，就是你迅速识别谁和你同一国的，谁能和你同频共振的小符号。

一个小心机，当你想结识谁，或想和某个还不太熟的人加深关系，研究一下他的社交标签是什么，他的频次是什么，一个人什么样的言行举止、行事做派才更容易取得他的好感。

图书在版编目（ＣＩＰ）数据

练达：如何成为社交高手 / 林特特著 —— 南京: 江
苏凤凰文艺出版社, 2019.4
ISBN 978-7-5594-3100-4

Ⅰ. ①练… Ⅱ. ①林… Ⅲ. ①女性 – 人际关系学 – 通
俗读物 Ⅳ. ①C912.1-49

中国版本图书馆CIP数据核字（2018）第284008号

书　　　名	练达：如何成为社交高手
作　　　者	林特特
责 任 编 辑	唐　婧　黄孝阳
出 版 发 行	江苏凤凰文艺出版社
出版社地址	南京市中央路 165 号，邮编：210009
出版社网址	http://www.jswenyi.com
发　　　行	北京时代华语国际传媒股份有限公司　010-83670231
印　　　刷	北京富达印务有限公司
开　　　本	880 × 1230 毫米　1/32
印　　　张	8
字　　　数	130 千字
版　　　次	2019 年 4 月第 1 版　2019 年 4 月第 1 次印刷
标 准 书 号	ISBN 978-7-5594-3100-4
定　　　价	49.80 元